Intuition

Weg ins neue Bewusstsein

Claudine Birbaum

Autorin: Claudine Birbaum, Schweiz

Lektorat: Anke Wellner-Kemp, Ilmmünster

Grafik: Atelier Varga, Zürich

Photo Autorin: © Jasmin Frei / Pep Shot

ISBN 978-3-9524480-8-3

Edition Birbaum / www.edition-birbaum.ch
Hear your Soul – Memberbereich / www.hear-your-soul.ch

Bereits erschienen von der Autorin:
«5:55 – Ruf der Seele», Oktober 2016,
ISBN 978-3-9524480-0-7
«5:55 – Weg der Intuition», August 2018,
ISBN 978-3-9524480-4-5

Herstellung: BoD – Books on Demand, Norderstedt

Prolog

Warum sollte ich mich mit Intuition befassen? Was bringt mir das, wenn ich auf meine innere Stimme höre? Falls es diese überhaupt gibt. Solche und ähnliche Aussagen sind mir im Laufe der letzten Jahre immer wieder begegnet. Aber auch Menschen, die mich baten, mein Wissen in einem Buch niederzuschreiben, damit mehr Leute davon profitieren können.

Gerade in Zeiten des Wandels, in denen überall die Zeichen auf Umbruch stehen – in unserem privaten wie auch im beruflichen Umfeld – ist es umso wichtiger, dass du einer Richtung folgst, um nicht einfach vom Alltag und den Bewegungen der Zeit mitgeschwemmt zu werden. Denn wenn du nicht achtgibst, fliesst all deine Energie zu anderen Menschen oder Projekten, gibst du dein Geld für Dinge aus, die dir nicht wirklich wichtig sind, besuchst du Ausbildungen und Kurse, die dir nicht entsprechen und gibst dich mit Leuten ab, die dir deine Energie rauben. Doch was braucht es, damit du dich in diesen Zeiten des Wandels erstens selbst (wieder) wahrnehmen und zweitens den Weg einschlagen kannst, der für dich stimmt?

Nicht viel. Es braucht einzig und allein deinen Willen, etwas an deinem Leben zu ändern. Es braucht deinen Mut, auf die schwarzen Flecken in deinem Herzen zu schauen. Nur das wird dich weiter bringen in deinem Leben. Wenn du diese Zeilen liest, gehe ich davon aus, dass ein Bereich (oder mehrere) in deinem Leben nicht mehr so sind, wie du es dir gerne wünschst.

Beim Lesen dieses Buches wirst du Übungen erlernen, die du in deinen Alltag einpflegen kannst. Diese Übungen werden dich gezielt dazu bringen – wenn regelmässig angewandt –, dass du deine Intuition wieder wahrnimmst. Das bedeutet, dass du deinen Körper spürst, seine Signale bewusst wahrnehmen kannst und so deine innere Stimme wieder hörst. Das ist die wichtigste Basis, um in deinem Leben etwas zu ändern. Zuerst musst du wissen, was nicht mehr stimmt, und es bewusst wahrnehmen; und du musst den Schmerz aushalten, dass es nicht so ist, wie du es dir vorstellst. Dazu dienen diese Übungen.

Danach geht es darum, diese Übungen in deinen Alltag zu integrieren und deiner inneren Stimme zu folgen. Mit all dem Mut, den du dazu brauchst. Dein Leben wird sich verändern, Schritt für Schritt, Tag für Tag. In dem Tempo, das für dich stimmig ist.

Gerade in Zeiten des Umbruchs, in denen manchmal alles Kopf zu stehen scheint, ist es wichtig, dass du deiner eigenen, inneren Stimme folgst, die dich durch den Nebel und das Dickicht führt. Niemand ist dir näher als diese Stimme. Niemand kennt dich besser als sie. Und niemand verbringt so viel Zeit mit dir wie sie. Nutze ihre Kraft und erschaffe dir das Leben, nach dem du dich innerlich schon lange sehnst. Dazu braucht es den Mut, den ersten Schritt zu tun: Öffne dich für deine Intuition und deine Gefühle. Alles andere wird folgen. Wenn du den Weg der Intuition gehst, wird dein Leben nie mehr so sein wie früher, das verspreche ich dir. Es wird interessanter, leichter, glücklicher und erfüllter sein. Bist du bereit?

Ich wünsche dir viel Spass und tiefe Einsichten auf unserer gemeinsamen Reise zu deinem inneren Selbst. Ich gratuliere dir zu diesem Schritt der reinen Selbstliebe zu dir selbst. Ein grösseres Geschenk kannst du dir kaum machen.

Kapitel 1 – Warum Intuition?

Wenn du dieses Buch in der Hand hältst, dann bist du auf der Suche – auf der Suche nach dir selbst. Vielleicht hast du schon Einiges gelesen, etwas ausprobiert oder fühlst eine innere Unzufriedenheit in dir. Das ist ein gutes Zeichen, denn das zeigt dir, dass du aufgewacht bist. Dass es für dich an der Zeit ist, deinen eigenen Weg zu gehen und deinen Auftrag zu erfüllen, für den du hier auf die Erde kamst.

Warum ich? denkst du womöglich. Die anderen können die Welt retten, ich habe sie nicht in diese missliche Lage gebracht. Das mag zu einem gewissen Teil stimmen. Doch Hand aufs Herz: Wie viel trägst du persönlich zum Klimawandel bei? Fährst du noch Auto? Fliegst du regelmässig mit dem Flugzeug um die Welt? Wie viele elektronische Geräte brauchst du in deinem Alltag, die täglich viel Strom verbrauchen? Es geht mir hier nicht darum, dir den Schwarzen Peter in die Schuhe zu schieben. Oder den anderen. Es geht mir darum, dir aufzuzeigen, dass wir alle gebraucht werden. Jeder einzelne Mensch wird gebraucht, damit die Erde überleben wird. Mein Buch handelt aber nicht vom Umweltschutz, obwohl mir auch dieser ein grosses Anliegen ist. Dieses Buch beschäftigt sich mit deiner Intuition und deiner Fähigkeit, deine innere Stimme zu hören und dir deiner Gedanken bewusst zu werden. Denn so wie du täglich unsere Umwelt mit deinem Stromverbrauch belastest, schadest du der Erde auch mit deinen eigenen, negativen Gedanken.

Wie soll das gehen? Der Erde und den anderen Menschen kann es doch egal sein, was ich denke! Aber dem ist nicht so. Im Gegenteil. Mit jedem deiner negativen oder selbstzerstörerischen Gedanken belastest du das Energiefeld der Erde, das Energiefeld deiner Umgebung und natürlich auch dein eigenes.

Daher ist es wichtig, dass jeder einzelne von uns beginnt, an sich selbst zu arbeiten, in sein Innerstes zu blicken und dort aufzuräumen. Auch wenn du dabei nicht immer schöne Dinge finden wirst, ist die Arbeit an dir selbst wertvoll. Zu Anfang ist es, als würdest du vor einem alten, verstaubten und voll gestopften Haus stehen. Das kann ein Gefühl der Überwältigung auslösen. Wie bei einer grösseren Putzaktion gilt es auch bei der Begegnung mit seinem Selbst, eine Sache nach der anderen anzupacken, einen Schritt nach dem anderen zu gehen. Denn wenn dein Haus erst einmal sauber ist, die Räume leer sind und die Fenster geputzt, dann erhältst du Klarheit, siehst, wohin dein Weg dich führt, was für dich wichtig ist und was nicht.

Intuition ist Bewusstsein. Ein Zustand, in dem du deine innere Stimme hörst und den Kontakt zu deiner Seele aufnimmst. Du beginnst, dein inneres Haus aufzuräumen, zu befreien von alten Verletzungen, negativen Glaubenssätzen und unbegründeten Ängsten und Blockaden. Der erste Schritt besteht jedoch darin, dich selbst wieder hören zu lernen. Dieser erste Schritt wird der schwierigste sein, weil du einige deiner liebgewonnen Angewohnheiten loslassen musst. Weil du dich eventuell von manch einem Menschen in deinem Umfeld lösen musst. Oder weil du möglicherweise entdeckst, dass du all die letzten Jahre in tiefster Dunkelheit gelebt hast und nun glaubst, kostbare Jahre damit verschwendet zu haben. Doch nichts ist vergebens. Du liest diese Zeilen genau zu dem Zeitpunkt, zu dem du für den nächsten Schritt bereit bist. Zu dem du innerlich bereit bist, den neuen Inhalt aufzunehmen, um deine Erkenntnisse dann im Aussen umzusetzen. Alles, was du hier liest, wird für deine Seele nichts Neues sein. Du hast es nur vergessen, weil sich der Schleier des Vergessens bei deiner Geburt über deine Seele legte und dir den Zugang zu ihr bis zum heutigen Zeitpunkt verborgen hielt.

Warum kann nicht alles so bleiben, wie es ist?, fragst du dich womöglich. Wenn du das möchtest, kannst du dieses Buch wieder weglegen, denn dann bist du noch nicht so weit, dass du wirklich etwas verändern möchtest, dein Leidensdruck ist noch zu klein. Wir Menschen sind leider so konditioniert, dass wir erst etwas zu ändern bereit sind, wenn wir arg gebeutelt wurden, keinen anderen Ausweg mehr sehen oder unsere Lebenssituation nicht mehr auszuhalten ist. Ich weiss, wie sich das anfühlt. Mehr als einmal in meinem bisherigen Leben bin ich an einen solchen Punkt angelangt, an dem es Zeit für mich wurde, meine Komfortzone zu verlassen und etwas zu wagen. Mich meiner Seele wieder zuzuwenden und in mich hineinzuhören.

Intuition ist wichtig. Intuition ist notwendig, damit du dich in dieser sich rasch verändernden Welt zurechtfindest und dich nicht plötzlich an einem Ort wiederfindest, an den du nicht hingehörst, in einer Partnerschaft, in der du nicht glücklich bist, oder in der Umgebung von Menschen, die dir nicht guttun und dir nur deine Energie rauben.

Intuition ist das Werkzeug, das dir jeden Tag, jede Stunde, jede Minute zur Verfügung steht. Eine innere

Stimme, die dich nie belügt und dich stets zurück auf den richtigen Weg stupst. Leise, aber immer wieder. Deine innere Stimme wertet nicht, sie ist stets an deiner Seite. Auch wenn du vieles falsch machst, wird sie dich nie verlassen.

In unserer heutigen digitalen Welt, in der uns unzählige Technologien zur Verfügung stehen und wir uns alle erdenklichen Informationen im Internet beschaffen können, sind wir ratloser denn je. Warum? Weil wir uns zu sehr von uns selbst, unserem inneren Kern, entfernt haben. Wir konsumieren die allgegenwärtige Unterhaltung und sind für jede Ablenkung dankbar, damit wir unsere Gedanken nicht wahrnehmen müssen. Damit wir unsere Gefühle nicht spüren müssen. Es ist eine Flucht – eine Flucht vor uns selbst und den vermeintlichen schwarzen Flecken, die wir in unserem inneren Haus finden könnten, wenn wir es wagen, dort das Licht anzuschalten und mit Aufräumen zu beginnen. Aber diese Angst ist unbegründet. Sie hält uns nur in Schach, damit wir nichts Neues wagen, uns nicht allzu viel zutrauen und in unserer Komfortzone verharren. Das ist nicht sinnvoll, denn mehr denn je braucht es in unserer heutigen Zeit Menschen, die sich vorwagen, die etwas Neues anpacken und die Welt in eine neue Richtung lenken. Jeder einzelne Mensch wird dafür gebraucht – auch du.

Schon höre ich den Ausruf: Warum gerade ich?

Warum beginnen nicht die anderen damit? Unserer Welt geht es schlecht, da kann ich allein sowieso nichts ausrichten.

Das sind alles Ausreden und hinterlassen, wenn du dir gegenüber ehrlich bist, einen schalen Nachgeschmack. Die Welt braucht dich. Ja, gerade dich. Dich und alle anderen Menschen um dich herum. Bevor du allerdings die ganze Erde positiv veränderst, darfst du bei dir selbst beginnen. Denn wie wir mit dem übermässigen Elektrokonsum, dem Benzinverbrauch und allen anderen schädlichen Sachen die Umwelt beeinträchtigen, so verschmutzen wir auch mit unseren negativen Gedanken unser Umfeld – zuerst unser eigenes Herz und anschliessend unser energetisches Umfeld. Da wir alle miteinander energetisch verbunden sind, wirken sich unsere negativen Gedanken und Gefühle auf alle anderen aus, ob wir das nun bewusst wahrnehmen oder nicht. Klar, auch hier kannst du den anderen die Schuld in die Schuhe schieben und darauf warten, bis die beginnen, an sich zu arbeiten, ihr Leben zu reflektieren und sich anschliessend positiv zu verändern. Du wartest also auf deinen Vorgesetzten, deinen Partner, deinen Vater, deine Mutter, deinen Bruder, deine Schwester, deine Nachbarn, deine Kollegen oder einfach auf den Mann auf der Strasse, bis etwas geschieht.

Hier ist jedoch eine ernüchternde Tatsache: Wenn

du darauf wartest, dass die anderen sich verändern, wartest du womöglich dein Leben lang. Wenn du dieses Buch in den Händen hältst, dann bist genau du aufgerufen, in deinem Umfeld die erste Person zu sein, die diesen Schritt wagt, die beginnt, ihr Bewusstsein zu erweitern und sich wieder an die einstigen Stärken zu erinnern, die sie bei ihrer Geburt besessen hat. An die grenzenlose Liebe in ihrem Herzen, die weder Vorurteile, Neid und Missgunst noch Konkurrenzdenken und Wettbewerb kannte. Sondern nur reine Liebe und Freude am Leben auf der Erde.

Wenn du dich für die Intuition entscheidest, brauchst du nicht zu befürchten, von anderen ausgenutzt zu werden und nicht in der Lage zu sein, dich zur Wehr zu setzen. Im Gegenteil. Deine intuitiven Fähigkeiten machen dich selbstbewusster und stärker. Vielleicht wirst du das erste Mal in deinem Leben deinen Mitmenschen Grenzen setzen und deine Energie nur noch an diejenigen verschenken, die es in deinen Augen auch verdient haben. Du wirst mehr Lebensfreude verspüren und dankbarer sein für jede Kleinigkeit, die in deinem Leben gut läuft. Du wirst mit deinen Gefühlen, die du wieder bewusst wahrnimmst, die ganze Intensität des Lebens spüren – unabhängig davon, was um dich herum geschieht, in deiner Familie oder in der Welt. Du wirst zu einer starken Persönlichkeit, die weiss, was sie will, und den

Platz einnimmt, der ihren wahren Stärken entspricht. Es besteht die Möglichkeit, dass du mit deinem neu entdeckten Ich einige Menschen in deinem Umfeld vor den Kopf stösst. Einige werden sich von dir abwenden oder auf Abstand gehen, denn sie konnten mit deinem alten Ich mehr anfangen, das ihren Interessen mehr entgegenkam. Da du nun auf deinem eigenen Weg sein wirst, der für dich stimmig ist, wird dich das nicht in deinen Grundwerten erschüttern. Neue Menschen werden dich auf deinem Weg begleiten und dich darin bestärken, weiterzugehen. Es gibt keine Garantie, dass du am Ende deines Lebens dein Ziel erreichen wirst, nach dem du heute strebst. Aber das ist im Endeffekt auch nicht so wichtig. Wichtig ist, was du auf dem Weg zu deinem Lebensziel alles lernst, welche vergessenen Schätze du in dir zutage förderst und wie gut du dein Herz von all den alten Verletzungen, die es im Laufe der Jahre erlitten hat, befreien kannst. Auch wenn «Der Weg ist das Ziel» abgedroschen klingt, so birgt der Spruch doch viel Wahrheit in sich.

In diesem Sinne machen wir uns gemeinsam auf den Weg, deine Intuition zu reaktivieren, sie zu stärken, damit du deiner inneren Stimme wieder folgen und sie aus dem Stimmengewirr in deinem Kopf herausfiltern kannst. Danach gilt es, die aufkommenden Ängste und kritischen Stimmen in dir wahrzunehmen, zu würdigen und loszulassen, während du dich auf deinen neuen Weg begibst. Bist du bereit? Ich freue mich, dich auf dieser Reise begleiten zu können.

Kapitel 2 – Erinnere dich

Die Intuition ist in uns allen. Ebenso in dir. Auch wenn du glaubst, dass du deine innere Stimme nicht mehr hörst oder sie gar nicht existiert, ist das kein Grund, zu verzweifeln. Gratuliere dir lieber, dass du dich auf den Weg gemacht hast, mit mir zusammen deine innere Stimme wiederzufinden. Wie eingangs bereits erwähnt, geht es hier nicht darum, etwas Neues zu lernen, sondern vielmehr darum, dass du dich wieder an deine innere Stärke erinnerst und das verborgene Wissen zutage förderst, das in dir schlummert. Auch wenn das womöglich überwältigend klingt, brauchst du dir nicht unnötig Sorgen zu machen. Wir werden es gemeinsam schaffen, Schritt für Schritt, Tag für Tag.

Wichtig ist, dass du dich über eine gewisse Zeitspanne hinweg dazu bekennst, deine innere Stimme zu hören und ihr dann zu folgen. Mindestens drei Monate lang, besser sechs, wirst du die nachfolgenden Übungen praktizieren und optimalerweise in deinen Alltag integrieren, sodass sie wie Duschen oder Zähneputzen fester Bestandteil deines Tagesablaufs werden.

Zuerst wird sich deine innere Stimme wohl nur zögerlich melden. Einerseits musst du ihr Zeit geben, denn sie ist enttäuscht und glaubt nicht mehr richtig daran, dass du sie ernst nimmst und ihr folgen willst. Daher musst du ihr Vertrauen zurückgewinnen. Andererseits musst auch du selbst beginnen, deiner inneren Stimme zu vertrauen, sobald du sie wieder wahrnehmen kannst. Was sagt sie dir? Höre ihr gut zu. Auch wenn ihre Vorschläge im ersten Moment in deinem rationalen Verstand keinen Sinn ergeben, folge ihr trotzdem. Denn der Weg der Intuition ist nicht mit deinem normal arbeitenden Verstand zu begreifen. Du begibst dich auf deinen spirituellen Weg, den du gemeinsam mit deiner Seele beschreitest. Das allein ist ein Gewinn für dich und dein inneres Wohlbefinden: Du wirst im Einklang mit deiner spirituellen Weisheit leben, was dir einen tiefen inneren Frieden schenken wird. Egal, ob du deine dir rational gesetzten Ziele erreichen wirst oder nicht – du wirst dich freier und glücklicher fühlen. Eins mit dir selbst. Daher wirst du auch Zufriedenheit ausstrahlen und dein Umfeld entsprechend beeinflussen. Unbewusst wirst du positive, harmonische Vibrationen aussenden und überrascht sein, wie anders deine Mitmenschen plötzlich auf dich reagieren. Du wirst ernster genommen, mehr respektiert, nicht mehr so oft verbal angegriffen, die Leute tun dir Gutes und du kannst es dankbar annehmen. Grosse Krisen wird es dann in deinem Leben nicht mehr geben, höchstens interessante Herausforderungen, denen du dich stellst und an denen du wachsen kannst. Du willst dich nicht mehr verstecken, sondern dich selbst leben – egal, was die anderen um dich herum sagen. Es fühlt sich so gut an, mit deiner Seele zusammenzuarbeiten, dass du dir nichts anderes mehr vorstellen kannst. Klingt das nicht vielversprechend? Dann lass uns gleich mit der ersten Übung beginnen.

Bewusstsein erwecken

Was ist damit gemeint? Vielleicht denkst du: Mein Bewusstsein ist stets eingeschaltet. Ich weiss, was ich tue. Aber – ist das wirklich so? Auf der rationalen Ebene gesehen weisst du, was du gerade tust, oder zumindest, was du vorhast: Du gehst einkaufen, du fährst zur Arbeit, du kochst, du lernst für die Schule oder deine Weiterbildung. Dies alles sind Tätigkeiten, die du ausübst. Jedoch sind sie in deinem Kopf entstanden, du hast sie geplant und jetzt führst du sie aus. Von aussen gesehen ist das alles ganz normal und nichts ist dagegen einzuwenden. In dieser ersten Übung geht es jedoch nicht darum, dass du deinen Alltag analysierst und deine Entscheidungen auflistest. Hier geht es vielmehr darum, dass du dir bewusst wirst, dass du über Sinnesorgane verfügst, die du jeden Tag unbewusst einsetzt, ohne darüber nachzudenken.

Dein Atem

Als Erstes beginnst du mit deinem Atem. Du atmest, jeden Tag, jede Stunde, jede Minute, jede Sekunde. Aber nicht du atmest, sondern dein Körper. Von dir unbemerkt, führt er unzählige Atemzüge pro Tag aus. Du überlässt ihm das vertrauensvoll und im Wissen, dass er genügend Luft zur Verfügung hat. Doch – hast du dich schon gefragt, wie genau du atmest? Wohin gelangt dein Atem, wenn es dir gut geht? Wohin, wenn du gestresst bist? Schau einmal genau hin und beobachte dich. Am besten stellst du dir dazu deinen (Smartphone-) Wecker dreimal am Tag. Wenn er geläutet hat, beobachte deinen Atem: Ist er flach oder tief? Atmest du nur wenig in deinen Bauch oder füllt deine eingeatmete Luft deine gesamte Lunge? Notiere deine Beobachtungen in einem Notizbuch, in einem Dokument auf deinem Computer oder im Smartphone. In meinem Memberbereich findest du dazu ein entsprechendes Arbeitsblatt (Link zum Memberbereich auf: www.hear-your-soul.ch). Neben der Spalte, in der du das Datum und die Tageszeit (Morgen, Mittag, Abend) notierst, hältst du fest, wie es dir zu diesem Zeitpunkt gerade geht. Das heisst, du hältst entweder deine Emotionen fest (ich bin müde, aufgeregt, gestresst, im Flow) oder wie dein Tag gerade verläuft (alles geht drunter und drüber, ein ruhiger Tag, Streit mit meinem Partner). Was immer es ist, notiere es und lass es einfach so stehen. Werte nicht, sei einfach ehrlich zu dir.

Wenn du bemerkst, dass du zu flach atmest, weil du von Termin zu Termin hetzt, dann halte einmal bewusst inne. Atme tief ein und aus. Fülle dazu beim Einatmen zuerst deinen ganzen Bauchraum mit Luft. Halte deinen Atem einen Augenblick an (nur solang dir wohl dabei ist), dann lass deinen Atem wieder aus dir herausfliessen. Bei deiner nächsten Einatmung füllst du erst deinen Bauch mit Luft und anschliessend deinen Brustkorb, sodass sich dein Rippenbogen hebt. Wieder hältst du den Atem kurz an, bevor du voll und ganz ausatmest. Bei der dritten Einatmung füllst du mit deiner Atemluft deinen Bauch, deinen Brustkorb bis zu deinen Schlüsselbeinen, um nach kurzem Innehalten wieder auszuatmen. Spürst du bereits, wie sich dein Geist beruhigt und wie dein Kopf dank des zusätzlichen Sauerstoffs, der so in deine Blutbahn gelangt, wacher wird? Bei der vierten und letzten bewussten

Einatmung lässt du die Luft in deinen Bauch, deinen Brustkorb, deine Schlüsselbeine bis hinauf in deinen Kopf strömen. Das mag sich seltsam anhören, ist aber so: Du kannst auch in deinen Kopf atmen. Stell dir einfach vor deinem inneren Auge vor, wie dein Atem in deine Backen, deine Nase, deine Augenhöhlen und deine Hirnmasse fliesst. Nach einer kurzen Atempause lässt du die Luft wieder aus dir hinausströmen. Danach atmest du wie gewohnt weiter.

Diese erste Übung hat den Zweck, dir deinen Atem wieder stärker bewusst zu machen. Es empfiehlt sich, diese Übung eine Woche lang auszuführen, bis du ein Gefühl dafür erhältst, wie dein Atemmuster aussieht. Natürlich kannst du diese Übung auch länger fortführen oder dir spontan immer wieder einmal die Zeit nehmen, auf deinen Atem zu achten. Das ist Bewusstsein und ein erster Schritt, dich wieder mit deinem Körper zu verbinden.

Die meisten Menschen der heutigen Zeit haben leider ihre Verbindung zu ihrem Körper verloren und diese durch eine enge Verbindung zu ihrem Smartphone ersetzt, das ihnen zwar viel Information bieten kann, jedoch nicht darüber, wie es ihnen wirklich in ihrem tiefsten Innern geht. Den Weg der Intuition zu gehen bedeutet auch, dass du wieder weniger vom Smartphone und anderen technischen Hilfsmitteln abhängig bist und dich vermehrt dir selbst zuwendest – deinem Inneren. Dort findest du alle für dich relevanten Informationen, die du für ein glückliches und erfolgreiches Leben brauchst. Nach einer erfolgreichen Verbindung und Zusammenarbeit mit deiner Intuition kannst du natürlich sämtliche heute zur Verfügung stehenden Technologien benutzen, um deine Ideen umzusetzen, weiter zu recherchieren oder Gleichgesinnte zu suchen und zu finden.

Deine Augen

Du bist dir deiner Augen bewusst, denn du benutzt sie immer zu. Doch wie alle unsere Sinnesorgane setzen wir die Augen in der heutigen Zeit nur noch für die ganz alltäglichen Dinge ein. Oder wann hast du das letzte Mal eine Augenübung praktiziert? Genau darum geht es in unserer nächsten Übung. Du trainierst deine Augen, damit du dein Umfeld bewusster wahrnehmen kannst.

Deine Augenmuskeln wollen in Form bleiben, so wie alle anderen Muskeln deines Körpers auch. Werden sie nicht oft gebraucht, dann verkümmern sie. Was das mit deiner Intuition zu tun hat? Mehr als du denkst. Denn bei deiner Intuition geht es nicht nur darum, dass du deine innere Stimme wieder wahrnimmst. Deine Seele kann sich auch mit anderen Mitteln bei dir bemerkbar machen und dir deinen Weg zeigen: Du siehst ein Plakat, auf dem genau die Antwort steht, nach der du schon lange gesucht hast. Oder du erblickst eine herrenlose Zeitung im Bus, nimmst sie zur Hand und liest darin genau den Artikel, der dir eine wichtige Frage beantwortet. Es kann auch passieren, dass du plötzlich eine Geldmünze oder einen Geldschein auf dem Boden erblickst, an dem du normalerweise achtlos vorbeigelaufen wärst, weil du dich in Gedanken an einem anderen Ort aufhieltest als auf der Strasse, auf der du gerade gelaufen bist.

Manchmal geht es auch nur darum, einen schönen Sonnenaufgang, vorbeiziehende Wolken oder einen Vogel am Himmel zu beobachten. Wichtig ist für uns Menschen in der heutigen Zeit vor allem der Weitblick. Allzu oft sitzen wir stundenlang vor dem Computer, um dann in unserer Freizeit oder unterwegs weitere Stunden auf das Smartphone zu blicken. Nicht, dass unsere heutige Technik nur schlecht wäre. Aber man sollte auch nicht unreflektiert damit umgehen. Durch ihre Benutzung fokussieren wir unsere Augen nur noch auf kurze Distanzen. Unsere Augen müssen sich auch nicht mehr stark bewegen oder einer sich wechselnden Umgebung anpassen, weil wir ständig am gleichen Ort verharren. Daher ist es wichtig, dass du regelmässig in die Ferne blickst. Nimm dir dazu zwei- bis dreimal pro Tag Zeit. Halte inne, atme tief ein und aus und blicke aus dem Fenster. Was siehst du? Vielleicht kennst du den Blick aus deinem

Wohnzimmerfenster in- und auswendig. Wenn du jedoch genauer hinschaust, wirst du eine Kleinigkeit sehen, die du bis dahin noch nicht entdeckt hast. Es können einfach die sich im Wind wiegenden Äste der Bäume sein, denen du eine Minute lang zuschaust. Es scheint, als ob sie dir zuwinken. Sie führen dir auch vor Augen, wie man mit dem Wind mitgeht, anstelle sich gegen ihn zu stemmen. Lass deinen Augen und deiner Fantasie freien Lauf. Wenn du befürchtest, dich in einem Tagtraum zu verlieren, dann stell den Wecker deines Smartphones auf eine Minute, damit dich der Alarm wieder in deinen Alltag zurückholt.

Eine weitere Augenübung besteht darin, dass du deine Augen im Kreis drehst. Zuerst mit geschlossenen Augen, im Anschluss mit geöffneten Augen. Diese Übung machst du am besten am Morgen und am Abend, also gleich nach dem Aufstehen und vor dem Zubettgehen. Zu Beginn wirst du eventuell Muskeln spüren, von denen du bis dahin nichts geahnt hast. Es ist wie mit allen anderen Körperpartien: Wenn du sie trainierst, freuen sie sich über deine Aufmerksamkeit und werden dir gute Dienste leisten.

Bewusstsein in dir selbst zu entfachen ist der erste Schritt zu deiner Intuition. Zuerst einmal beobachtest du deinen Körper. Schritt für Schritt, Tag für Tag gesellen sich dann weitere Dinge dazu, auf die du aufmerksam wirst, wie zum Beispiel, dass andere

Menschen dir Energie rauben, die abzugeben du eigentlich nicht gewillt bist. Oder dass die verlockend klingenden Werbungen auf den grossen Plakaten dir eigentlich nichts Gutes verkaufen wollen, sondern es nur auf dein Geld abgesehen haben. Später wirst du dir – je länger, je mehr – auch deiner Gedanken und Gefühle bewusst – alles Zeichen, mit denen du weiterarbeiten kannst, weil sie dir deinen Weg zeigen.

Ich kann es nicht oft genug wiederholen: Es ist dein ganz persönlicher Weg, auf den du dich jetzt begibst. Auf einen Weg, der nur für dich allein stimmig sein muss. Keinem anderen Menschen muss gefallen, was du da tust. Es geht hier nur allein um dich. Die Menschen in deinem Umfeld, die dich wirklich lieben, werden deine Veränderungen gutheissen und dich dabei unterstützen. Und was ist mit den anderen, die dich dabei behindern oder blockieren wollen? Denen darfst du etwas Zeit geben, sich damit anzufreunden, gegebenenfalls lockerst du den Kontakt. Oder du löst dich von ihnen und gibst ihnen die Chance, ihren eigenen Weg zu finden.

Kapitel 3 – auf dem Weg

Nachdem du jetzt bewusster atmest und auch deine Augen regelmässig trainierst, ist dir an dir und deinem Verhalten womöglich schon etwas aufgefallen. Halte inne und überlege: Bist du aufmerksamer geworden, was in deinem Umfeld geschieht? Kannst du dich ab und zu von deinem Smartphone oder Computer lösen und in die Weite blicken? Beobachtest du sporadisch deinen Atem und versuchst, mit den Atemübungen Ruhe in deinen Körper und somit in dein Leben zu bringen? Wenn du diese Fragen mit «Ja» beantworten kannst, dann gratuliere ich dir von Herzen. Du hast dich auf den Weg begeben und bist bereit, Neues zu entdecken: deine in dir schlummernden Kräfte und Talente, dein eigentliches Potenzial und deinen Auftrag, warum du auf die Erde gekommen bist.

Wenn du es bis heute noch nicht geschafft hast, die eine oder andere Übung in deinen Alltag zu integrieren, dann sei nicht zu streng mit dir, werte nicht. Frage dich jedoch ehrlich: Warum unternehme ich nichts? Wovor habe ich Angst? Was befürchte ich zu verlieren? Du kannst dir diese Antworten von Hand auf ein Stück Papier notieren und immer wieder dorthin zurückkehren. Gegebenenfalls solltest du zuerst an deinen Ängsten arbeiten, bevor du dich dazu bereit fühlst, eine der Übungen zu beginnen. Doch du kannst trotzdem weiterlesen. Es ist gut möglich, dass eine der nächsten Übungen sich besser für dich eignet, den Einstieg in dein neues Leben zu wagen. Gib nicht auf. Halte durch. Der Weg wird sich vor dir auftun, wenn die Zeit für dich reif ist. Vertraue.

Dankbarkeit

Wann hast du dich das letzte Mal für etwas bedankt? Überlege gut. Nicht das «Danke» ist hier gemeint, das du jemandem schenkst, wenn er etwas für dich erledigt. Ich spreche hier vom «Danke», das du gegenüber dem Universum, Gott, der Quelle oder einer anderen höheren Wesenseinheit aussprichst, an die du glaubst. Mit anderen Worten: Läufst du achtlos durch dein Leben oder bist du offen und bemerkst, was in deinem Leben alles bereits gut läuft? Ich meine hier nicht einen Lottogewinn, ein grosses Haus am See oder einen grossartigen Wagen. Ich denke an die kleinen, alltäglichen Dinge in deinem Leben. Daher wiederhole ich meine Frage: Wann hast du dich das letzte Mal bedankt für all die Dinge, die rund laufen? Wie zum Beispiel, dass du morgens unter einer warmen Dusche stehen kannst, dass du einen gefüllten Kühlschrank hast oder dass du ohne fremde Hilfe aufstehen kannst. Dass du auch abends allein nach Hause gehen kannst, ohne Angst haben zu müssen, überfallen zu werden. Oder dass du generell in einer sicheren Umgebung lebst, in der es dir erlaubt ist, deine Meinung frei zu äussern, ohne deswegen um dein Leben fürchten zu müssen.

Dankbarkeit hat viel mit Bewusstsein zu tun. Du schulst dich darin, Dinge wahrzunehmen, die du zuvor als selbstverständlich angesehen und denen du kaum noch Beachtung geschenkt hast.

Wozu soll das gut sein? Wenn du dankbar bist – auch für die kleinsten Dinge in deinem Leben –, dann ist das ein Ausdruck deiner Wertschätzung. Du schätzt deinen (inneren) Reichtum. Das gibt dir ein gutes Gefühl. Du realisierst: Mir geht es ja bereits gut! Es wird immer besser! So erhöhst du die Energieschwingung deines Körpers. Wenn du mit deinen Zellen auf einer höheren Ebene schwingst, dann wirst du noch mehr Gutes in dein Leben ziehen. Du fühlst dich bereits reich beschenkt vom Universum und vertraust darauf, dass du weitere Geschenke entgegennehmen darfst. Du machst dich bereit und öffnest dich für deine (neuen) Wünsche und vertraust darauf, dass sie in Erfüllung gehen, sobald die Zeit reif dafür ist. Du wirst zum Nährboden für viele wunderbare Dinge, die bereits auf dich warten. Ist das nicht toll?

Wie verhält es sich aber mit dem Bewusstsein und nicht zuletzt auch mit der Intuition in Bezug auf deine neu entdeckte Dankbarkeit? Du beobachtest dich und dein Leben jeden Tag aufs Neue. Du wirst dir jeden Tag neu bewusst, wie gut es dir geht und was du schon alles besitzt. Dies ist ein weiterer Schritt in dein bewusstes Leben. Wenn du die kleinen Dinge zu schätzen lernst, dann wirst du mit der Zeit auch die leisen Hinweise deiner inneren Stimme, die du stetig erhältst, wahrnehmen und zu schätzen wissen. Wenn du auf deine innere Stimme hörst, dann bist du deiner Intuition schon einen grossen Schritt näher gekommen.

Es ist einfacher, sich für einen Lottogewinn zu bedanken oder für einen grossartigen Partner, den das Schicksal einem zugeführt hat. Das ist jedoch nicht das Ziel der Intuition. Der Weg ist das Ziel. Was meine ich damit? Dass du mit kleinen Dingen startest. Dass du diese Dinge jeden Tag anwendest, sie also in deinen Alltag integrierst. Denke daran: Wir arbeiten gemeinsam an einem neuen Lebensstil – deiner neuen Lebenseinstellung. Wenn du dich aus ganzem Herzen dazu entscheidest, den Weg der Intuition zu gehen und deiner inneren Stimme voll und ganz zu vertrauen, dann musst du ganz vorne beginnen. So wie ein kleines Kind erst lernen muss, allein zu gehen, bevor es später als junge, erwachsene Person für einen Marathon trainieren kann. Ich will dich mit diesem Beispiel nicht entmutigen und dir sagen, dass es Jahre dauern wird, bis du deine innere Stimme hörst und wahrnimmst. Wie lange es geht, liegt allein in deiner Macht. Du bestimmst das Tempo, mit dem du vorangehen willst. Ich biete dir lediglich einige Hilfen und Praktiken an, die dich dabei unterstützen, schneller voranzukommen. Der Rest liegt bei dir. Daher lass diese Übung – und alle nachfolgenden – auf dich wirken, probiere sie aus und schau, was sich in deinem Alltag ändert. Übe dich in Geduld. Die Veränderungen werden sich nicht sofort einstellen oder nur ganz subtil sein, sodass du sie kaum wahrnimmst. Womöglich fragt dich eine aussenstehende Person dann nach ein paar Monaten: «Du wirkst so ruhig und gelassen, tust überlegt die richtigen Dinge. Wie schaffst du das bloss?» Und du schüttelst den Kopf und denkst: Was meint sie damit? Ich bin dieselbe Person geblieben. Doch dem ist nicht so. Dein Leben wird sich verändern, wenn du an deiner Intuition arbeitest und sie ernst nimmst. Das einzige, das du tun musst, ist diese Veränderung zuzulassen und Schritt für Schritt jeden Tag deinem neuen Leben näherzukommen. Heute ist ein guter Tag dafür, den nächsten Schritt zu gehen. Den der Dankbarkeit.

Mache es dir zu Gewohnheit, jeden Morgen fünf Dinge aufzuzählen, für die du heute dankbar bist. Wie bereits erwähnt, fokussierst du dich auf die ganz alltäglichen Dinge, denen du gewöhnlich keine Beachtung schenkst: die warme Dusche, die Kaffeemaschine, deine (warmen) Kleider, deine Gesundheit, dein kuscheliges Bett, deine Katze, die dir um die Beine streicht oder dein Hund, der freudig mit dem Schwanz wedelt, sobald er dich sieht. Wenn du magst, kannst du dir diese fünf Dinge auch gleich aufschreiben. In meinem Memberbereich findest du dazu ein entsprechendes Arbeitsblatt (Link zum Memberbereich auf: www.hear-your-soul.ch) So startest du mit einem guten Gefühl in deinen neuen Tag und verlässt guten Mutes deine Wohnung im Wissen, dass du bereits reich beschenkt bist.

Wenn du kein Morgenmensch bist und dir eine solche Übung kurz nach dem Aufstehen als zu viel erscheint, dann praktiziere die Übung auf dem Weg zu deiner Arbeit, zur Schule, zur Universität oder wohin du auch unterwegs bist. Am besten suchst du dir dabei eine schöne Stelle aus auf deinem Weg, an der du jeden Tag vorbeikommst. Mit dieser Stelle verbindest du dann in Gedanken deine Dankbarkeitsübung. Sage dir innerlich: Immer, wenn ich hier vorbeikomme, denke ich an meine Übung und führe sie durch. Du wirst überrascht sein, wie gut es funktioniert, hast du erst einmal diesen «Anker» auf deinem Weg gesetzt. Und ehe du dich versiehst, denkst du jeden Tag daran, ohne dich anstrengen zu müssen. Dann hast du dein kleines Zwischenziel erreicht: Du hast diese Übung in deinen Alltag integriert. Gratuliere dir dazu. Und zeige Verständnis für dich, wenn du sie ab und zu einmal vergisst. Wichtig ist, dass du dranbleibst und nicht aufgibst. Halbherzige Sachen erzielen halbherzige Resultate. Also gib stets dein Bestes und sage dir immer wieder: Ich will meine innere Stimme (wieder) hören. Ich will mein eigenes Potenzial entfalten und leben. Dafür ist mir kein Weg zu lang.

Das hilft dir, weiterzugehen und an dir zu arbeiten.

Auf dem Weg

Fragst du dich mittlerweile, wie es denn sein wird, wenn du dich auf den Weg zu deiner inneren Stimme machst? Wird es schwierig? Oder ist es ganz einfach? Hierzu kann ich dir keine abschliessende Antwort geben, auch wenn du dich danach sehnst. Eine klare Antwort würde dir Sicherheit geben. Aber das kann ich dir nicht bieten. Ich biete dir jedoch das Versprechen auf eine spannende Reise – die Reise zu dir selbst, in dein Innerstes. Auf diesem Weg wirst du nicht nur andere Menschen antreffen, sondern vor allem dich selbst. Du wirst neue Erkenntnisse über dich erhalten, die dich überraschen, schockieren oder erfreuen werden. Du entdeckst neue Fähigkeiten an dir und wirst dir bewusst, was du wirklich gerne magst und was du verabscheust.

Womöglich denkst du beim Lesen dieser Zeilen: Das weiss ich schon alles. Doch lass dich überraschen. Bleib offen. Stell dir vor, dass du in den vergangenen Jahren mit Scheuklappen durch dein Leben gegangen bist, im dicken Nebel mit einer Brille, durch die du nur verschwommene Konturen wahrnehmen konntest. Jetzt – mit der Anwendung und Unterstützung meiner Übungen – wirst du diese Brille putzen, der Nebel wird sich lichten und du nimmst die Scheuklappen ab. Du wirst überrascht sein, wie deine Welt danach aussieht. In deinem jetzigen Leben hetzt du möglicherweise von Termin zu Termin, erledigst nebenbei den Haushalt, erfüllst familiäre Pflichten wie «obligatorische» Geburtstagsfeiern oder Besuche. Du tust, was man von dir erwartet, obwohl du dabei nicht genau weisst, wer eigentlich dieser «man» ist. Du befolgst die ungeschriebenen gesellschaftlichen Regeln, schaust, dass die Menschen in deinem Umfeld glücklich sind – und verkümmerst dabei innerlich.

Da du diese Zeilen liest, nehme ich an, dass du mit deiner jetzigen Situation mittlerweile so unzufrieden bist, dass du daran etwas ändern willst. Gratuliere zu dieser Erkenntnis und zu diesem ersten Schritt! Somit kann es weiter gehen. Je mehr Übungen du machst und je länger du sie anwendest, desto mehr wirst du dir bewusst werden, was du fühlst, was du denkst, was du sagst (oder auch nicht sagst) und was dein Körper und deine Seele wirklich von dir brauchen. Es ist wie eine Art Bestandsaufnahme. Wie wenn du deinen Keller von altem Gerümpel befreien willst. Zuerst musst du dich durch alle Sachen, die sich über die Jahre dort angesammelt haben, hindurchwühlen und entscheiden, was du behalten willst und was du nicht mehr brauchst. Was ist noch schön? Was ist nur noch eine Erinnerung, die dich im heutigen Leben nicht mehr unterstützt? Nach einer Weile wirst du dann erkennen, dass du von einigen Dingen viel zu viel hast, am Beispiel des Kellers können das viele alte Blumentöpfe sein. Und dass dir ein paar wichtige Dinge fehlen, wie zum Beispiel ein grosses, stabiles Gestell, auf das du deine Sachen stellen kannst, damit du in deinem Keller stets die Übersicht behältst.

Warum ich das Beispiel des Kellers an dieser Stelle heranziehe? Der Keller (wie auch der Dachboden) ist ein Spiegelbild der Seele der Menschen. Das heisst nicht, dass du nun den Mut verlieren musst und in deinen Keller hinunterrennst, um zu entdecken, dass er vollgestopft ist. Das sind eine Erkenntnis und ein weiterer Schritt in deiner Bestandesaufnahme. Du kannst dir auch vornehmen, während du deine Bewusstseinsübungen in dein Leben einflechtest, ab und zu auch in deinen Keller zu gehen und dort ein bisschen aufzuräumen. Schaffe in diesem Raum Platz. Platz für Neues. Wenn du immer nur Dinge in den Keller hineinstellst, ohne etwas zu entsorgen, dann ist er irgendwann voll und nichts hat mehr Platz. So ist es auch mit deinem Leben. Hin und wieder ist es an der Zeit, alte Dinge und Erlebnisse zu betrachten und danach loszulassen. So wird die Energie wieder besser zirkulieren können – in deinem Keller und natürlich vor allem in deinem Körper, deinem Herzen und in deiner Seele.

Bevor du dich jedoch von etwas trennen kannst, das dir heute nicht mehr gut tut, gilt es zuerst zu erkennen, dass dies in deinem Leben ist, sich dort seit Jahren eingenistet hat, dir Energie raubt und dich davon abhält, glücklich zu sein, dein Leben zu geniessen und dein echtes Potenzial zu entfalten. Und deinen Auftrag auszuführen, den du vor deiner Geburt angenommen hast.

Kapitel 4 – Dein Körperbewusstsein

Wie ist es dir bis heute mit den Übungen ergangen? Spürst du etwas? Nimmst du Dinge anders wahr, beispielsweise mehr Lärm um dich herum, die Energien anderer Menschen, was deinem Körper wirklich gut tut? Dann kannst du dir auf die Schulter klopfen für den Mut, den du aufgebracht hast, diesen – deinen ganz persönlichen – Weg zu gehen. Falls du bis jetzt die Zeilen meines Buches gelesen hast, ohne eine Übung auszuprobieren, dann ist es an der Zeit, dich zu fragen, warum du noch nicht damit begonnen hast. Was hindert dich daran? Wovor hast du Angst, was hält dich davon ab, etwas Neues zu wagen? Was kannst du dabei verlieren?

Egal, auf welcher Stufe deines Bewusstseins du

dich heute befindest, egal, wie es dir gerade geht, heute widmen wir uns in einer neuen Übung deinem Körper. Er leistet dir täglich Dienste, ohne zu murren. Er atmet, funktioniert einfach. Er schluckt alles, was du ihm zumutest. Jedoch vergisst er nichts.

Dein Körper

Weil dein Körper nichts von dem vergisst, was du ihm antust, kannst du dir sicher gut vorstellen, dass sich bis heute Einiges in deinen Zellen angestaut hat, das du nicht mehr brauchst. Dein Körper verfügt über ein Elefantengedächtnis – über Jahre und Jahrzehnte merkt er sich die Dinge, die du ihm abverlangst, auch wenn er eigentlich nicht mehr kann. Doch er macht weiter. Bis zu einem Punkt, an dem er ausgebrannt ist. Er bricht zusammen, versagt dir den Dienst oder kreiert eine Krankheit, die dich längere Zeit ans Bett fesselt, was ihm die Möglichkeit gibt, sich auszuruhen und wieder zu Kräften zu kommen. Dieser Zustand kann sehr beängstigend sein, falls die Krankheit lebensbedrohlich ist oder dich für den Rest deines Lebens zu beeinträchtigen droht.

So weit muss es jedoch nicht kommen. Ich will dir keine Angst machen, sondern dir die Augen dafür öffnen, welche Folgen es für dich haben kann, wenn du deinen Körper jahrelang ausbeutest. Möglicherweise fallen dir gleich mehrere Menschen ein, die dies schon über lange Zeit tun und immer noch kerngesund sind – zumindest von aussen betrachtet. Aber in andere kannst du nie wirklich hineinschauen. Gut möglich, dass ihr Zusammenbruch kurz bevor steht oder dass sie sich nur noch mithilfe von Medikamenten oder Drogen auf den Beinen halten. Wenn du diese Zeilen liest, dann bist du ein Mensch, der aufgewacht ist. Ein Mensch, der sich nicht kaputtmachen will. Ein Mensch, der mehr aus seinem Leben machen will. Dazu gehört auch eine Bestandsaufnahme deines Körpers. Damit meine ich nicht, dass du nun gleich zum Arzt rennen sollst, um dich dort einem intensiven Check-up zu unterziehen. Es geht hier vielmehr darum, dass du dir selbst bewusst wirst, wie du deinen Körper behandelst.

Als Erstes widmen wir uns deinem Schlaf. Hand aufs Herz: Wie viele Stunden Schlaf gönnst du dir jede Nacht? Sind es acht, sieben oder nur vier? Klar, es gibt Tage und Zeiten, an denen du weniger schläfst, als deinem Körper wirklich guttun würde. Und sonst? Kann es sein, dass du deinen Schlaf auf ein Minimum reduzierst, um all deine Aktivitäten unter einen Hut zu bringen?

Ich möchte dir hier vorschlagen, dass du dir zwei Wochen lang notierst, wie viele Stunden du pro Nacht schläfst und – was noch wichtiger ist – wie du dich am Morgen danach (und den ganzen Tag über) fühlst. Sei dabei ehrlich und schaue, was dabei herauskommt. Ich bin mir bewusst, dass es verschiedenste Studien und Ansichten darüber gibt, wie viel Schlaf ein Mensch benötigt. Womöglich gehörst du wirklich zu den Menschen, die mit wenig Schlaf auskommen. Die meisten Leute jedoch brauchen – unabhängig von ihrem Alter – einen regelmässigen, ungestörten Schlaf über eine gewisse Anzahl Stunden. Für mich persönlich sind acht Stunden pro Nacht optimal, für andere sieben. Manche behaupten, sie kämen mit nur sechs Stunden aus. Probiere es aus. Verlängere deinen Schlaf über diesen zweiwöchigen Zeitraum um eine Stunde. Was fällt dir dabei auf? Fühlst du dich danach wacher? Bewusster? Hast du mehr Energie oder weniger? Notiere deine Erkenntnisse auf dem Arbeitsblatt in meinem Memberbereich (Link zum Memberbereich auf: www.hear-your-soul.ch).

Schalte zudem nach Möglichkeit dein Smartphone auf Flugmodus, bevor du ins Bett gehst, und legst das Gerät möglichst weit von deinem Kopf weg – am besten in ein anderes Zimmer. Schalte auch alle anderen elektronischen Geräte aus (nicht nur auf Standby-Modus), die sich in deinem Schlafzimmer befinden. So schaffst du dir eine möglichst elektrofreie Zone, in der sich dein Körper während der Nacht erholen kann.

Dein Körper kommuniziert mit dir

Hast du dich heute schon gefragt, wie du dich fühlst? Halte einmal für eine Minute inne und spüre ganz bewusst in deinen Körper hinein. Unter «ganz bewusst» verstehe ich, dass du wahrnimmst, wie es in den einzelnen Teilen deines Körpers genau aussiehst. Dazu brauchst du eine kurze Ruhepause von deinem Alltag. Das geht natürlich nicht, wenn du dein Smartphone dabei noch in den Händen hältst und die neuesten Nachrichten liest oder wenn du in Gedanken bereits bei deiner nächsten Aufgabe bist, die vor dir liegt, bei den Einkäufen, die du erledigen musst, dem Essen, das du abends kochen willst oder dem bevorstehenden Geschäftsmeeting, das dir schon länger Kopfzerbrechen bereitet und für das du noch viel vorzubereiten hast. Sage daher innerlich «Stopp» und atme tief ein und aus. Atme zuerst bewusst in deinen Bauchraum, dann fülle mit deinem Atem deinen Brustkorb bis hinauf zu deinen Schlüsselbeinen, sodass sich dein gesamter Brustkorb hebt – und beim Ausatmen wieder senkt. Führe dies Atmung mindestens fünfmal aus, bis sich dein Geist allmählich beruhigt. Dann fühle in deinen Körper hinein und frage dich: Wo bin ich zurzeit verspannt? Eventuell ist es deine Kieferpartie, dein Nacken oder dein Rücken, oder es sind deine Schultern oder ein anderer Körperteil. Nimm einfach wahr, werte nicht.

Wenn du die Stelle (oder die Stellen) lokalisiert hast, die verspannt ist, dann atme weiter tief ein und aus und konzentriere dich dabei auf sie. Visualisiere, wie du deinen Atem in diesen Körperteil sendest. Auch wenn dir das merkwürdig vorkommt oder du das Gefühl hast, dass das nicht funktioniert, machst du weiter. Dein Atem wird dort ankommen, wohin deine Gedanken ihn leiten. Trau dir mehr zu, als du für möglich hältst. Auch das ist Übungssache. Je mehr du dich darin übst, in deinen Körper zu atmen, desto besser wird es dir gelingen.

Als Nächstes sendest du mit deinem Atem deine Liebe aus deinem Herzen in die verspannte Körperpartie. Auch hier gilt: Werte nicht, visualisiere einfach, wie eine kleine rosarote Wolke von deinem Herzen aus in die identifizierte verspannte Körperpartie wandert. Mehr braucht es nicht. Nach 1–2 Minuten ist die Übung beendet und du kannst dich deinem Alltag zuwenden.

Falls du einmal erkältet bist, kannst du in alle diese Körperteile mehr Sauerstoff und Liebe senden. Dabei kannst du zu dir sagen: «Ich sende meinen Atem und meine Liebe in mein gesamtes Immunsystem.»

Wenn du jedoch mehr Zeit hast und wirklich wissen willst, warum gerade dieser Körperteil verspannt ist oder warum du schon wieder eine Erkältung eingefangen hast, dann kannst du noch einen

Schritt weiter gehen. Atme weiterhin tief ein und aus, damit dein Geist ruhig bleibt. Dann frage deine verspannte Körperpartie, deine Erkältung oder deinen sonst wie angeschlagenen Körperteil (wie zum Beispiel ein gezerrtes Fussgelenk, ein schmerzendes Handgelenk, eine Magenverstimmung), was er dir sagen will. Welche eigentliche Nachricht steckt hinter dem Schmerz? Möglicherweise ist es Frustration darüber, dass du schon wieder nicht für eine neue Stelle berücksichtigt wurdest. Oder es ist wieder einmal Ärger über deine Mutter/deinen Vater, die von dir verlangen, dass du Zeit mit ihnen verbringst, obwohl sie dir deine Energie rauben und du dich nach einem Besuch bei ihnen ausgelaugt fühlst (mehr dazu in Kapitel 7, Deine Energiefresser). Vielleicht bist du traurig, weil du dich allein fühlst und denkst, dass sich niemand für dich interessiert. Oder du hast Angst davor, den nächsten Schritt in einem neuen Projekt zu wagen. Viele Emotionen können erscheinen: Wut, Frust, Angst, Scham, Nervosität, Einsamkeit, Zurückweisung, Verlassenheit – um nur einige zu nennen. Nimm sie wahr. Werte nicht. Aber wisse, dass dies die Gefühle sind, die deinem Körperschmerz unterliegen. Frage dich, wenn du dazu bereit bist: Warum sind diese Gefühle da? Sei ehrlich mit dir. Und respektvoll. Es gilt hier nicht, dich zu verurteilen, sondern der Sache auf den Grund zu gehen.

Dir bewusst zu machen, welche Gefühle dich bewegen und wie sie deinen Körper beeinflussen, ist der erste Schritt zur Heilung. Heute geht es für dich darum, dass du Liebe in schmerzende Körperpartien schickst und dein Bewusstsein dafür schulst, dass es Emotionen sind, die unter dem Körperschmerz begraben liegen. Wenn du an diesen Emotionen arbeiten und sie auflösen kannst, wird dein Körper schneller wieder gesund.

Was hörst du?

Deine Ohren sind ein sehr wichtiges Instrument. Wenn du zu der Mehrheit der Menschen gehörst, die über ein gutes Gehör verfügen, nimmst du dein Gehör als selbstverständlich hin. Du hörst die Geräusche deiner Umgebung: Strassenlärm, Hintergrundmusik, Rufe spielender Kinder, Gespräche der Kollegen im Büro, Fernsehwerbung. Was auch immer es ist, meist hörst du diese Sachen unbewusst, während du mit etwas anderem beschäftigt bist. Jedoch es ist nicht so, dass dich das unbewusst Gehörte nicht beeinflusst – im Gegenteil. Dieser Geräuschteppich wirkt sich auf deinen Geist und deinen Körper aus.

Nimm dir einmal eine Minute Zeit und höre ganz bewusst: Welche Geräusche nimmst du wahr? Wie laut sind sie? Findest du sie störend, neutral oder lassen sie dich besser fühlen? Lausche. Werte nicht.

Nimm einfach wahr. Eine Minute kann sich lang anfühlen, daher kannst du dir auch den Timer auf deinem Smartphone stellen.

Schliesse nun eine Minute lang deine Augen und atme so tief wie möglich ein und aus: in deinen Bauchraum, aufsteigend in deinen Brustkorb bis hinauf zu deinen Schlüsselbeinen, sodass sich dein gesamter Brustbereich hebt – und beim Ausatmen wieder senkt. Sobald sich dein tiefer Atem normalisiert, höre ganz genau hin und nimm wahr: das Singen der Vögel, das Rascheln der Blätter im Wind, Menschenstimmen, Hintergrundmusik, Strassenlärm. Wenn alle Geräusche angenehm sind, dann erhält auch dein Körper die Möglichkeit, sich zu entspannen und du kannst produktiv arbeiten – oder einfach nichts tun und dich erholen. Sei dir bewusst, dass es wichtig ist, wie dein Umfeld ist. Natürlich kannst du nicht immer beeinflussen, welch ein Lärmpegel dich umgibt. Aber du kannst damit beginnen bewusst wahrzunehmen, erstens welche Geräusche dich umgeben, und zweitens welche du als angenehm empfindest und welche als störend. Das ist ein weiterer Schritt in Richtung deines neuen Bewusstseins. Eventuell kannst du dir dann auch vornehmen, die störenden Geräusche zu vermeiden oder ihnen aus dem Weg zu gehen, zum Beispiel andere Hintergrundmusik bei der Arbeit zu hören oder in Stille zu arbeiten. Du kannst deine

Mitarbeiter oder Kollegen bitten, leiser miteinander zu diskutieren. Oder dir einen zweiten Arbeitsplatz zu Hause einrichten, wo du in Ruhe arbeiten kannst und auch nicht von deiner Familie gestört wirst. Alles ist wichtig. Alles zählt. Auch wenn du nur fünf Minuten am Tag komplette Ruhe hast und für dich allein bist. Tue es. Starte damit. Und du wirst sehen, wie gut das dir und deinem Körper tut.

Am besten ist es natürlich, wenn du dir jeden Tag mehrere Minuten (oder Stunden) der Ruhe gönnst. Sicher ist es besser, wenn du dir überhaupt etwas Ruhe gönnen kannst nach einem langen Arbeitstag, an dem du von Termin zu Termin gestresst bist, vielen Leuten geholfen und dabei dich selbst vergessen hast. Dann sind die fünf Minuten Ruhe am Abend vor dem Schlafengehen ein guter erster Schritt. Doch dein Körper – deine Seele – braucht mehr. Versuche daher, auch am Morgen und am Mittag je eine Ruhepause einzulegen, bei der du bewusst in dich hineinzuhörst.

Es geht also beim Hören nicht nur darum, dass du die Geräusche wahrzunimmst, die dich umgeben, sondern in erster Linie darum, dass du in dein Inneres hineinhorchst.

Kapitel 5 – Blick in dein Inneres

Dein inneres Hören

Wann hast du dich das letzte Mal gefragt, wie es dir in deinem tiefsten Innern geht? Hand aufs Herz: Womöglich kannst du dich nicht mehr daran erinnern. Wie auch immer die Antwort lautet, werte nicht, sei dir gegenüber einfach ehrlich. Mit all unserer heutigen Alltagshektik, den vielen (wichtigen?) Verpflichtungen ist es einfach, nicht auf sich und seinen Körper zu hören. Aber es ist unabdinglich, willst du ein neues Bewusstsein erlangen. In den vorangegangenen Übungen ging es zunächst darum, dass du deinen Körper wieder spürst und dir deiner Sinnesorgane erneut bewusst wirst. Nun gehen wir einen Schritt weiter und konzentrieren uns darauf, in dein Inneres zu hören.

Zu hören bedeutet nicht unbedingt, wirklich eine Stimme in sich wahrzunehmen, die einem etwas erzählt oder zuflüstert. Hören kann man auf verschiedenste Arten. Es kann sein, dass du einen Gedanken hast, der immer wiederkehrt, wie zum Beispiel: Ich muss diesen Kollegen wieder einmal treffen, jener neue Yogakurs klingt interessant, ich sollte mich einmal nach einer neuen Wohnung umschauen. Es sind kurze, leise Gedanken, die in dir aufkommen. Da sie sich immer wieder melden, gelingt es dir nicht, sie einfach abzustellen. Es kann sein, dass du diesen Gedanken keine Beachtung schenkst – bewusst oder unbewusst – und dich ablenkst mit (zu) viel Arbeit, Alkohol, (zu) viel Kaffee, (zu) viel Sport, Ausgang, (zu) viel Essen. Was auch immer deine Ablenkungsmethode ist – du wirst sie bestens kennen. Mit ihr erstickst du Gedanken, die dich auf Dinge hinweisen, die dir guttun, im Keim und wendest dich scheinbar wichtigeren Themen zu. Diese können auf den ersten Blick auch bedeutsam sein, denn du willst ja deinen Job gut machen, fit bleiben, gesellig sein. Doch auf den zweiten Blick hindern sie dich daran, deine persönlichen Ziele zu erreichen (mehr dazu in Kapitel 8, Ablenkungsmethoden).

Wie also kannst du deine Gedanken hören? Als Erstes ist es wichtig, dass du deine Ablenkungsmethoden (er)kennst und diese minimierst. Dann geht es darum, deinen Geist zu beruhigen, damit der so genannte «monkey mind», wie er in vielen buddhistischen Schriften genannt wird, nicht weiter die Überhand hat. Wenn dem nämlich so ist, dann beschäftigen sich deine rund 70.000 Gedanken, die du täglich denkst, mit irgendwelchen Dingen und Situationen, die für dein Leben nicht wirklich wichtig sind. Du wirst von den allgegenwärtigen Medien dazu verleitet, eine Sensationsmeldung nach der anderen zu lesen mit der Folge, dass du dich (unnötig) um deine Zukunft sorgst.

Um deinen Geist für kurze Zeit zur Ruhe zu bringen, empfehle ich dir die einfache Atemübung, die ich in Kapitel 2 und 4 vorgestellt habe. Diese ist so simpel und gleichzeitig so wichtig, dass ich nicht oft genug auf sie hinweisen kann. Du kannst die Übung überall ausführen: zu Hause, im Zug, während du auf den Bus wartest, im Büro. Niemand um dich herum wird es bemerken, doch dir wird es helfen, zentrierter zu werden. Nimm einen tiefen Atemzug und fülle mit deinem Atem den ganzen Bauchraum. Bemerke, wie sich deine Bauchdecke beim Einatmen hebt und beim Ausatmen wieder senkt. Wiederhole dies dreimal. Womöglich stellst du fest, dass deine Atmung generell bereits tiefer wird.

Im nächsten Schritt atmest du nicht nur in deinen Bauchraum ein, sondern füllst mit deiner Atmung auch deinen Brustkorb, sodass sich dieser ebenfalls hebt. Bei der Ausatmung senken sich der Brustkorb und der Bauch wird wieder flach. Auch diese Atmung wiederholst du dreimal. Spürst du, wie sich dein Geist beruhigst? Wie deine Gedankenflut nachlässt?

Bei der dritten Variation dieser Übung atmest du wiederum tief ein und lässt deinen Atem in deinen Bauch, in deinen Brustkorb und anschliessend bis hinauf zu deinen Schlüsselbeinen fliessen, sodass sich diese leicht anheben und dein ganzer Rumpf gefüllt ist. Anschliessend atme gründlich aus. Auch diese Übung wiederholst du dreimal. Nimm danach wahr, wie du dich fühlst. Zentrierter? Dein Geist sollte nun ruhiger sein. Wenn nicht, werte nicht, nimm einfach wahr.

Praktiziere diese Übung im Laufe des Tages so oft wie möglich und integriere sie in deinen Alltag. Sie wird dir dabei helfen, wieder vermehrt deine «guten» Gedanken zu hören und wahrzunehmen – diejenigen, die deinem Innern entspringen und die von anderer Qualität sind als diejenigen, die ihren Ausgang in einer äusseren Quelle haben. Dies sind deine ganz eigenen Gedanken, Botschaften deiner Seele, die dir mitteilt, was dir nicht mehr gut tut, was du in deinem Leben ändern musst, damit die Energie wieder fliesst und du wieder glücklich wirst.

Diese Botschaften sind manchmal nicht angenehm, sie können dich dazu auffordern, aus deiner Komfortzone zu treten, etwas Neues zu wagen, etwas Altes loszulassen oder dich auf sonstige Weise zu verändern. Womöglich würdest du lieber in deiner Komfortzone verbleiben. Dort ist dir alles bekannt, du weisst, was dich erwartet – und sehnst dich trotzdem nach mehr. Aber dieses «Mehr» wirst du niemals erlangen, wenn du nicht einen Schritt nach vorne wagst, in unbekannte Gewässer. Hätte Kolumbus nicht den Mut gehabt, loszusegeln, hätte er nie neue Erdteile und Länder entdeckt. Bei dir geht es nicht sofort darum, zu einem neuen Kontinent aufzubrechen – um bei meinem Beispiel mit Kolumbus zu bleiben. Es reicht, wenn du dir vornimmst, zuerst einmal im vertrauten Mittelmeer umherzusegeln und dort in neuen, unbekannten Häfen anzulegen. Dort wirst du auf neue Menschen, neue Lebensweisen, neue Verhaltensweisen treffen. Vielleicht kannst du ein wenig davon – oder aber auch gar nichts – in dein Leben übernehmen. Auf jeden Fall wird es dir neue Horizonte öffnen und dir aufzeigen, welche Möglichkeiten dein Leben noch für dich parat hält. Lass dich nicht von deinen Ängsten bremsen (mehr dazu in Kapitel 6, Deine Ängste), sondern bleibe offen und lass dich inspirieren. Intuition bedeutet nicht nur, seine Gedanken zu hören. Intuition bedeutet auch, danach etwas zu bewegen. Zuerst in dir. Dann in deinem Leben. Intuition bedeutet nicht Stillstand. Sie fordert dich auf, stets weiterzugehen, über deinen Tellerrand hinaus zu blicken, deine Komfortzone auszuweiten und immer wieder zu verlassen. Du wirst dich wundern, was es dort alles zu entdecken gibt.

Deine Komfortzone

Wenn du beim Lesen vorhin über das Wort «Komfortzone» gestolpert bist, dann möchte ich dir nun erklären, was ich damit meine.

Die Komfortzone ist deine gewohnte Umgebung, die du kennst und die dir vertraut ist. Zu ihr gehören dein Partner/deine Partnerin, deine Familie, deine Freunde, deine Arbeit, deine Wohnung, deine Hobbies, dein Arbeitsweg, sprich alles, was sich regelmässig in deinem Leben wiederholt, und die Menschen, auf die du immer wieder triffst. Eine alte Weisheit sagt: Wenn du wissen willst, wer du bist, dann schaue dir dein Umfeld an. Mit wem verbringst du viel Zeit? Wer ist dir wichtig? Wer macht dich glücklich? Wer nicht? (Mehr dazu in Kapitel 7, Deine Energiefresser).

Aber um dein ganzes Umfeld zu analysieren, braucht es Zeit. Wenn du dir diese Zeit nehmen und ehrlich zu dir sein willst, dann kannst du dir diese Fragen auf ein Blatt Papier notieren und darüber nachdenken. Ich empfehle dafür Papier und Stift statt einer Tastatur, weil du beim Schreiben von Hand besser mit deiner Seele verbunden bist und so auch unbewusste

Dinge zutage kommen können.

Schreibe eine Woche lang, am besten jeden Abend vor dem Schlafengehen, auf, womit du deine Zeit verbracht hast bzw. wie du sie investiert hast. Lege eine Tabelle mit sieben Spalten für die sieben Wochentage an und jeweils eine Zeile für Familie, Freunde, Arbeit, Hobby, Schlaf, Erholung/Freude. Dann trage in die Schnittfelder jeweils ein, wie viele Stunden du (ungefähr) mit der jeweiligen Tätigkeit oder Person verbracht hast und daneben ein Plus für die Freude und Energie, die dir diese Zeit gab bzw. ein Minus für die Energie, die dir diese Zeit raubte oder den Frust, den sie dir bereitete. In meinem Memberbereich findest du dazu ein entsprechendes Arbeitsblatt (Link zum Memberbereich auf: www.hear-your-soul.ch). So wirst du rasch einen Überblick über dich und dein derzeitiges Leben erhalten – falls du dir gegenüber ehrlich bist. So sieht dein heutiges Umfeld aus, das ist deine Komfortzone. Hier bewegst du dich zurzeit.

Mit Komfort ist damit nicht gemeint, dass es dir in dieser Zone gut geht, sondern es bedeutet lediglich, dass du dieses Umfeld kennst. Du weisst, was du davon zu erwarten hast und was dir fehlt. Dein Leben wird sich nicht verbessern, wenn du dich stets darin aufhältst und nichts Neues wagst. Wie auch? Das ist, wie wenn du stets dasselbe Waschmittel und denselben Waschgang der Waschmaschine benutzt und deine Wäsche dabei immer schmutzig bleibt. Sie wird es auch nach dem fünften, zehnten oder achtzigsten Waschen sein, denn da dein Input immer der gleiche ist, erhältst du auch stets das gleiche Resultat. Wenn du wirklich etwas von ganzem Herzen ändern willst, musst du Neues wagen, um im Bild zu bleiben, ein neues Waschmittel ausprobieren, einen anderen Waschgang wählen oder jemanden fragen, der sich mit Waschen besser auskennt als du. Was auch immer es ist: Du hast es in der Hand, etwas zu ändern.

Viele Menschen verbleiben jedoch aus Angst in ihrer Komfortzone (mehr dazu in Kapitel 6, Deine Ängste) und denken: Hier bin ich sicher. Ich weiss wenigstens, was ich habe (und was ist nicht habe). Aber das ist ein Irrglaube, denn die Welt ist in steter Veränderung. Alles ist im Fluss und verändert sich, ohne dass du es kontrollieren kannst: Die Menschen in deinem Umfeld, deine Arbeit, die Natur. Doch was du kontrollieren kannst, ist deine Reaktion auf neue Situationen. Das steht in deiner Macht. Wenn du stets in deiner Komfortzone verharrst, bedeutet das nicht nur Stillstand, sondern auch Rückschritt, denn du wirst unflexibel, verspürst Angst vor Veränderungen, klammerst dich an das Bekannte und verschliesst dich Neuem: neuen Denkweisen, neuen Arbeitsmethoden, neuen Essgewohnheiten, neuen Entspannungsvarianten, neuen Jobs, um nur einige Beispiele zu nennen.

Wenn dich dann eine Veränderung in deinem Leben trifft, die nicht vorherzusehen war, erstarrst du. Deine Felle scheinen dir davon zu schwimmen und du fühlst dich hilflos, denn du bist es nicht mehr gewohnt, dich mit offenem Herzen auf etwas Neues einzustellen. Daher ist es nicht sinnvoll, wenn du dich stets in deiner Komfortzone aufhältst oder sogar darin versteckst. Du musst dich auch unbequemen Situationen und Diskussionen stellen, Position beziehen, wenn es sein muss, und für dich und deine Werte einstehen.

Wenn du nach der oben erwähnten Übung in deiner Tabelle viele Minuszeichen siehst und erkennst, dass du nicht das Leben lebst, das du dir wünschst, ist das kein Grund zur Verzweiflung. Du musst dein Leben nicht plötzlich von Grund auf ändern. Wichtig ist vor allem, dass dir bewusst wird, dass Einiges im Argen liegt. Du musst bereit sein, deine Augen dafür zu öffnen, was in deinem Leben nicht mehr stimmig ist für dich. Das ist der erste Schritt zur Veränderung und zur Ausweitung deiner Komfortzone (siehe auch Kapitel 9, Dein neues Bewusstsein).

Wie weiter?

Womöglich denkst du jetzt: Grossartig, ich weiss, dass ich etwas tun muss; ich will aus meiner Komfortzone raus. Aber wie soll ich das anstellen? Gibt es ein sicheres Rezept, das mir den Weg zeigt?

Leider nein. Es gibt kein zuverlässiges Rezept und keinen Wegweiser, die dir die Richtung zeigen. Unsicherheit ist vorprogrammiert, wenn du deine Komfortzone verlässt. Warum? Weil jeder Mensch seinen individuellen und einzigartigen Lebensweg beschreitet. Daher ist es unmöglich, ein Rezept zu erfinden, das für alle Menschen zutrifft. Lass deswegen nicht den Kopf hängen: Ein paar allgemeingültige Regeln oder besser gesagt Hinweise helfen dir, diesen Schritt zu tun.

Als Erstes gilt es, dir bewusst zu werden, dass du tief in dir einige Ängste in dir trägst, die dich daran hindern, aus deiner Komfortzone herauszutreten. So wirst du zwar immer wieder einmal einen Anlauf nehmen – oder zumindest darüber nachdenken – doch nie einen konkreten Schritt nach vorne tun, höchstens halbherzig. Womöglich wirst du dich kritisieren und klein machen, weil du es niemals wagen wirst, dein Leben zu ändern. Daher sollten wir uns zuerst einmal anschauen, welche Ängste dich möglicherweise zurückhalten, bevor du versuchst, weiterzugehen. Denn du musst wissen, woran du bist, sonst ist das, als würdest du in einem dunklen Zimmer auf der Suche nach deinem Autoschlüssel auf allen Vieren den Boden abtasten, während dein Schlüssel auf dem Tisch liegt. Hier ist sofort ersichtlich: Du wirst den Schlüssel nie finden, solange du nicht das Licht anschaltest.

Genauso verhält es sich mit deinem Schritt aus deiner Komfortzone. Du wirst die Ausgangstür aus dieser Zone nie finden, solange du nicht Licht ins Dunkel deines Herzens bringst.

Kapitel 6 – Deine Ängste

Wie am Ende von Kapitel 5 erwähnt, ist es unabdinglich, dass du Licht in dein Inneres bringst, damit du dich verändern kannst. Auch danach brauchst du noch Mut, dein Leben wieder aktiv in die Hand zu nehmen (mehr dazu in Kapitel 11, Mut). Nach diesem Kapitel wirst du Klarheit darüber gewonnen haben, wer oder was dich zurzeit daran hindert. Du allein hast die Macht, dein Leben jederzeit in eine neue Richtung zu lenken. Dazu bist du nicht von anderen Menschen oder äusseren Umständen abhängig, auch wenn du das womöglich glaubst oder andere Leute dir das weismachen wollen. Deine Kraft liegt in dir, in deinem Innern. Du kannst sie in jedem Moment deines Lebens aktivieren und dir zu eigen machen.

Doch schauen wir uns einmal genauer an, welche Ängste dich daran hindern könnten, nach deiner Intuition zu leben. Nachfolgend liste ich die aus meiner Sicht wichtigsten Kategorien auf.

Angst vor Veränderung

Auf die Angst vor Veränderung bin ich ausführlich im Abschnitt «Deine Komfortzone» (in Kapitel 5) eingegangen. Es ging dort darum, dass du dein gewohntes Umfeld am liebsten nicht verlassen möchtest, dass Ängste dich davon abhalten, etwas Neues zu wagen, sodass du lieber an dem Alten festhältst, das du kennst – auch wenn das Bekannte nicht das ist, was du dir unter einem glücklichen Leben vorstellst. Du wirst diesen Schritt zur Veränderung erst wagen, wenn dich das Leben dazu zwingt – und das wird es, da kannst du sicher sein. Deine Seele ist hier auf der Erde, um etwas zu lernen und ihren Auftrag zu erfüllen. Dich in deiner Komfortzone zu verstecken und nicht weiterzuentwickeln wird deine Seele nicht dein ganzes Leben lang tolerieren. Daher wird sie dich immer wieder anstupsen, etwas zu verändern. Leider ist der Mensch so, dass er gewisse Schritte erst unternimmt, wenn sein Leidensdruck sehr hoch ist, wie zum Beispiel nach einem Todesfall in der Familie oder in seinem Umfeld, nach einem Jobverlust, einer Krankheit oder nach einer Trennung von einem

Partner/Partnerin. Solche einschneidenden Erlebnisse lassen uns in uns hineinhorchen und uns wieder auf das Wesentliche besinnen, auf das, was uns wirklich wichtig ist im Leben. Oft erkennen wir in solchen Situationen auch, dass wir unser Leben bis dahin nicht richtig gelebt haben, dass es noch mehr gibt, das wir erfahren wollen, bevor es zu spät ist. Das gibt uns den Mut, etwas an unserem Leben zu verändern.

So weit muss es jedoch bei dir nicht kommen. Wenn du schon heute auf deine Intuition zu hören beginnst und deiner inneren Stimme bewusst vertraust, kannst du ihre Ratschläge in die Tat umsetzen und deinem Leben eine andere Richtung geben, bevor du in deinen Grundwerten erschüttert wirst und aus einem Gefühl der Ohnmacht heraus einen neuen Schritt wagen musst.

Angst vor dem, was ich sehe

Oft ahnen wir Menschen tief in unserem Innern bereits, dass in unserem Leben etwas nicht gut läuft. Aber man verharrt lieber in seiner Komfortzone, da weiss man, was man hat. Du willst nicht sehen, was du ändern müsstest. Wenn du dann mittels deiner Intuition entdeckst, dass du auf dem falschen Weg bist, musst du dir eingestehen, dass du bisher Einiges, wenn nicht sogar alles, falsch gemacht hast. Vielleicht hast du einem Menschen Unrecht angetan und ihn tief verletzt. Oder du hast unlautere Dinge getan und anderen wirtschaftlich geschadet. Das kann in dir Selbstverurteilung und auch Scham auslösen. Also beschliesst du, bestimmte Dinge innerlich auszublenden. Doch Hand aufs Herz: Was hast du in deinem Leben bisherigen Leben als schlimmer empfunden? Wenn du etwas nicht hast kommen sehen oder wenn du einem Unglück ins Auge blicken konntest? Sicher Ersteres. Im Nachhinein fragst du dich dann Dinge wie: Warum habe ich diese Sache nicht kommen sehen? Warum habe ich nicht bemerkt, dass er mich betrogen hatte? Warum habe ich nicht wahrgenommen, dass mein Vorgesetzter mich nur ausgenutzt hat? Warum habe ich zu spät erkannt, dass meine Kollegin mich dauernd belogen hat?

Es ist also viel schlimmer, etwas nicht zu sehen, als der Wahrheit ins Auge zu blicken. Darum ist es so wichtig, dass du deine innere Stimme reaktivierst und ihr zu vertrauen lernst. Sie ist es, die dich frühzeitig darauf hinweisen wird, wenn etwas nicht gut für dich ist. Sie lässt dich fühlen (Bauchgefühl), erkennen (Einfall) oder spüren (die Präsenz einer Person fühlt sich schlecht an), dass etwas nicht stimmt. Willst du dir diese einmalige Chance entgehen lassen, einen verlässlichen Wegweiser zu bekommen, der immer für dich da ist – 24 Stunden am Tag, sieben Tage die Woche? Wohl kaum. Ja, es gehört Mut dazu, die blinden Flecken seines Lebens zu beleuchten. Hast du jedoch einmal aufgeräumt, wird alles für dich einfacher. Dann kannst du dich auf deine Zukunft konzentrieren und erkennst rasch, welche Wege für dich falsch sind. Du kannst deinen Kurs korrigieren, bevor du grösseren Schaden nimmst. Ist das nicht wunderbar?

Angst vor dir selbst

Ein weiterer Grund, warum Menschen häufig nicht auf ihre innere Stimme hören und ihr folgen wollen ist, dass sie – meist unbewusst – Angst vor ihrer eigenen Kraft und Grösse haben. Kommt dir das bekannt vor? Ganz tief in deinem Innern weisst du um dein Potenzial, du spürst es oder ahnst es. Eine leise Stimme in dir flüstert: Da gibt es noch mehr. Du kannst mehr. Du hast mehr verdient. Du bist am falschen Ort. Du musst dich bewegen. Dein wahres Potenzial zeigen. Diese und ähnliche Gedanken rumoren in dir, doch du verdrängst sie rasch wieder. (Mehr dazu in Kapitel 8, Ablenkungsmethoden). Zu Beginn kannst du diese Gedanken und Ideen noch leicht aus deinem Bewusstsein katapultieren. Aber je länger diese Situation andauert, desto lauter und häufiger wird deine innere Stimme dich daran erinnern, dass in deinem Leben etwas nicht stimmt. Du wirst immer mehr Dinge benötigen, die dich ablenken – und du wirst immer häufiger zu ihnen greifen, beispielsweise ungesundes Essen, Drogen, Alkohol, zu viel Arbeit, zu häufiges Ausgehen, zu viel Fernsehen und Social Media. So hüllst du dich durch Ablenkungsmanöver in einem regelrechten «Nebel», der deine Wahrnehmung trübt und dein Bewusstsein schwächt.

Doch an einem bestimmten Punkt wird das Universum dafür sorgen, dass du aus deiner Lethargie erwachst und etwas unternimmst, um dein Leben in andere Bahnen zu lenken. Warum ich das so sicher weiss? Weil jeder Mensch hier auf die Erde kam, um einen Auftrag zu erfüllen. Auch du. Und wenn du diese Zeilen liest, dann wird es so sein, dass du noch auf der Suche nach diesem Auftrag bist. Vielleicht erahnst du ihn bereits, vielleicht liegt er noch ganz im Dunkeln verborgen, möglicherweise lebst du ihn auch schon langsam, noch zaghaft.

An welchem Punkt deines Lebens du dich auch immer befindest: Öffne dich mit den in diesem Buch aufgeführten Übungen deinem Potenzial. Du allein verfügst über die Macht, dein Leben in eine andere Richtung zu lenken. Wenn nicht heute, wann dann? Lass es nicht so weit kommen, dass du schwer erkrankst, dein Partner/deine Partnerin dich verlässt, du deinen Job verlierst oder ein anderes einschneidendes Geschehen dein Leben aus der Bahn wirft, bevor du etwas änderst. Das ist ein Gesetz des Universums. Du hast dir etwas vorgenommen in deinem jetzigen Leben und die Quelle (Gott, das Universum oder eine andere höhere Wesenseinheit, an was oder wen immer du glaubst) wird alles daran setzen, dich in diese Richtung zu weisen und auf den Weg zu bringen, den du dir vor deiner Geburt ausgewählt hast.

Angst vor der Zukunft

Was, wenn ich eine Vision für meine Zukunft habe, die ich mir nicht zutraue? Wie soll ich es schaffen, sie in meinem Leben umzusetzen? Und eine der wichtigsten Fragen: Wie kann ich davon leben?

Hier schaltet sich bei vielen Menschen sofort der rationale Verstand mit Gegenargumenten ein: Niemand interessiert sich für mich und mein Angebot. Ich werde es nie schaffen, genug Geld damit zu verdienen. Ich täusche mich, ich bin gar nicht so grossartig, wie ich denke. Es gibt schon so viele, die denselben Dienst anbieten. Noch jemanden braucht es nicht. Und so weiter und so fort. Dein Ego, das notabene vor der Veränderung am meisten Angst hat, lässt all diese negativen Gedanken, die dich hinterfragen, in dir aufsteigen. Oft auf sehr subtilem Weg.

Nun ist es an der Zeit, dass du dein Bewusstsein erhöhst und deiner Intuition zu vertrauen beginnst. Mit etwas Übung lernst du, die Stimme deines Egos von der Stimme deiner Intuition zu unterscheiden, sodass du sicher weisst, welcher du folgen kannst und welche du besser überhörst.

Die Zukunft ist nicht in Stein gemeisselt. Nichts ist sicher, auch wenn wir das gerne hätten. Die einzige Konstante in unserem Leben ist die Veränderung. Warum also nicht gleich etwas Neues wagen? In deiner Komfortzone zu verharren bedeutet Stillstand, wie in Kapitel 5 beschrieben. Oder mit anderen Worten: Wäre Kolumbus nie in See gestochen, hätte er nie neue Erdteile entdeckt. Du brauchst nicht gleich all dein Hab und Gut zu verkaufen, um die Welt zu segeln. Oder deinen Job zu kündigen, um den Jakobsweg zu gehen. Es braucht keine radikale Veränderung in deinem Leben – gehe es allmählich an. Der erste Schritt kann ein sehr kleiner sein. Zum Beispiel die Entdeckung, was du dir wirklich vom Leben wünschst und wie weit du noch davon entfernt bist. In vielen kleinen, leicht umsetzbaren Schritten gehst du voran und näherst dich deinem Ziel. Gut möglich, dass irgendwann auch einmal ein grosser Schritt von dir verlangt wird, wie einen neuen Job zu suchen, eine Beziehung zu beenden, eine neue Ausbildung zu machen oder umzuziehen. Was auch immer es ist. Du wirst dich diesem grossen Schritt langsam nähern; er wird sich dir zeigen, sobald du zu ihm bereit bist.

Angst vor den anderen
Möglicherweise scheust du auch davor zurück, auf

deine Intuition zu hören, weil du befürchtest, dich lächerlich zu machen. Du hörst deine innere Stimme, um sie sogleich wieder zum Schweigen zu bringen. Was werden die anderen von mir denken? Was werden sie hinter meinem Rücken tuscheln? Werde ich meine Freunde verlieren, wenn ich meiner inneren Stimme folge? Eventuell. Vielleicht auch nicht. Es ist möglich, dass du dein Umfeld vor den Kopf stossen wirst, wenn du eine Veränderung in deinem Leben vornimmst. Sei nachsichtig mit ihnen, auch wenn sie deine Veränderung nicht gutheissen. Sie kennen dich so, wie du in den letzten fünf, zehn, zwanzig oder vierzig Jahren warst. Du warst berechenbar, du warst kontrollierbar.

Wenn du jetzt plötzlich aus dem Rahmen ausbrichst, in den sie dich gesteckt hatten, dann können einige Menschen nicht damit umgehen. Auf einmal bist du nicht mehr die erfolgreiche Bankerin, sondern die Jungautorin (mein persönlicher Werdegang). Oder du bist nicht mehr die «brave» Hausfrau und Mutter, sondern Inhaberin eines Online-Shops, mit dem du ätherische Öle vertreibst. Das kann dein Umfeld verunsichern. Es kann bei ihnen aber auch Neid auslösen, denn sie sehen bei dir etwas, das sie auch gerne tun würden, sich aber nicht zutrauen: dass du deinen eigenen Weg gehst. Für sie ist es einfacher, sich über dich lustig zu machen und dir zu sagen, dass du es sowieso nicht schaffst, als dir Mut zuzusprechen. Zu deinem eigenen Schutz tust du in einer solchen Situation gut daran, zu solchen Menschen auf Distanz zu gehen. In der Phase, in der du dich entscheidest, dein Leben zu ändern, brauchst du keine Neinsager und Blockierer, sondern Menschen, die dich unterstützen, dich anfeuern und dir Mut machen. Menschen, mit denen du deine Sorgen besprechen kannst, wenn du auf Schwierigkeiten triffst. Menschen, die dir Kraft geben. Dann können dir die Lästerer und Neider egal sein. Auch wenn du ihnen nicht egal bist und sie mit Argusaugen aus der Ferne beobachten, ob du auf deinem neuen Weg scheiterst oder Erfolg hast. Ersteres wird sie darin bestätigen, dass man sich nicht verändern soll und lieber in der Komfortzone bleibt. Zweiteres wird sie vielleicht in ihrem tiefsten Innern erschüttern und dazu ermutigen, selbst auch einen Schritt in ein neues Leben zu wagen. Dir kann das egal sein, denn du bist auf deinem Weg, dem Weg, der für dich stimmt. Und falls du einmal zwischenzeitlich eine Niederlage hinnehmen musst – was ganz normal ist im Verlaufe eines Lebens – dann stehst du einfach wieder auf, trocknest deine Tränen, wischst dir den Staub von den Kleidern, «richtest deine Krone» und gehst weiter.

Jeder grosse Sportler kann davon ein Lied singen. Eine Niederlage ist kein Weltuntergang, im Gegenteil.

Das einzige, was du brauchst, um an deinem jetzigen Leben etwas zu ändern, ist deine Entscheidung dazu. Und danach den Mut, die Veränderung auch wirklich umzusetzen (mehr dazu in Kapitel 11, Mut).

Kapitel 7 – Energiefresser

Mittlerweile kennst du die Möglichkeit, auf deine Intuition zu hören. Hast du es bereits versucht und erahnst, was du in deinem Leben ändern solltest? Du kennst womöglich einige der Ängste, die dich davon abhalten, eine Veränderung vorzunehmen. Nichtsdestotrotz willst du dein Leben – oder zumindest einen Teil davon – ändern. Doch trotz deiner guten Vorsätze verfügst du nicht über die dazu nötige Energie. Irgendwie spürst du, dass dich etwas daran hindert, den ersten Schritt zu tun. Oder jemand. Ich nenne einen solchen Menschen «Energiefresser».

Vielleicht denkst du im ersten Augenblick: Nein, in meiner Umgebung ist niemand, auf den dieser Ausdruck passt. Trotzdem bitte ich dich, weiterzulesen und meine Worte nicht gleich abzutun. Es lohnt sich, darüber nachzudenken. Hast du dir schon einmal Gedanken darüber gemacht, wohin deine Energie fliesst? Mit was oder wem verbringst du die meiste Zeit deines Tages? Wenn du diese Fragen nicht wie aus der Pistole geschossen beantworten kannst, dann ist es an der Zeit, dass du ein Blatt Papier (oder deinen Computer) zur Hand nimmst und dir eine Tabelle mit folgenden Spaltenüberschriften anlegst: Schlaf, Essen, Selbstliebe, Job, Haushalt, Hobbies, Vergnügen, Freunde, Social Media. Die Spalte ganz links erhält die Überschrift Datum. In meinem Memberbereich findest du dazu ein entsprechendes Arbeitsblatt (Link zum Memberbereich auf: www.hear-your-soul.ch). Dann nimmst du dir vor, jeden Abend das Datum des Tages einzutragen und wie viele Stunden du für die jeweilige Aktivität aufgewendet hast. Mach dies mindestens einen Monat lang. Ich habe diese Übung sicher ein Jahr lang praktiziert – zuerst, um zu erkennen, wo meine Zeit hingeht, und danach, um mein Verhalten zu korrigieren und zu prüfen, in was ich nun meine Energie investierte. Es ist nicht schlimm, wenn du einmal einen Tag vergisst, bleibe jedoch dran. Wenn eine der genannten Kategorien nicht relevant ist und stattdessen eine andere infrage kommt, dann tausche sie aus. Wichtig ist, dass du mindestens 30 Tage lang Buch führst.

Anschliessend kannst du es dir gemütlich machen, dir eine feine Tasse Tee gönnen und die einzelnen Kategorien genau studieren. Es ist kein Problem, wenn du nicht jeden Tag über genau 24 Stunden Buch geführt hast. Wir wollen uns auf die Hauptkategorien konzentrieren. Zwischen den einzelnen Aktivitäten benötigst du beispielsweise auch noch Zeit, um morgens aufzustehen oder und um von A nach B zu gelangen. Nun schau dir einmal genau an, wofür du jeden Tag am meisten Zeit aufwendest – abgesehen vom Schlaf, der hoffentlich zwischen sieben und acht Stunden ausmacht. Überrascht es dich, dass du (zu) viel Zeit für deine Arbeit aufwendest, sodass du während der Woche kaum noch Zeit findest für dich selbst? Oder konzentriert sich dein Schlafvolumen vor allem auf das Wochenende? Werte nicht. Schau einfach genau hin. Und sei ehrlich mit dir. Es gilt hier nur, eine Bestandesaufnahme zu erstellen, alles andere folgt später. Möglicherweise wird dich das Resultat dieser Tabelle überraschen, vielleicht auch nicht. Eventuell findest du nun bestätigt, was deine innere Stimme – falls du ihr zuhören willst – dir schon länger zuflüstert. Diese Übung wird deiner inneren Stimme noch mehr Gewicht verschaffen, indem sie dir einen Beweis liefert, den viele Menschen brauchen, um etwas in ihrem Leben zu verändern. Wenn du also nach diesem Monat, in dem du über deine Aktivitäten genau Buch geführt hast, entdeckst, dass deine Energie in viele Projekte fliesst, keines davon im Grunde genommen aber ein Herzensprojekt für dich ist, dann ist es höchste Zeit, eine Veränderung in deinem Leben vorzunehmen.

Menschen als Energiefresser

Nebst Projekten, die dich zu viel Energie kosten, gibt es in deinem Umfeld auch noch Menschen, die dir Energie rauben. Das können Familienmitglieder sein, Kolleginnen oder Kollegen oder auch Menschen, die dir zufällig auf der Strasse begegnen.

Diejenigen, die jedoch am schwierigsten als Energiefresser zu erkennen sind, sind Familienmitglieder oder dein Partner/deine Partnerin. Da sie dich schon seit Jahren und Jahrzehnten auf deinem Weg begleiten, bist du an sie gewöhnt. Sie finden es angenehm, wie du bist. Du wendest viel Zeit für sie auf, unternimmst mit ihnen Dinge, die ihnen gefallen oder nimmst ihnen Arbeit ab, die sie nicht mögen. Du bist immer für sie da, wenn es ihnen schlecht geht. Das ist alles gut und recht und auf den ersten Blick auch kein Nachteil. Wenn du all dies jedoch tust, weil es ein «Muss» geworden ist, es dich aber auslaugt, dann ist es an der Zeit, dass du Grenzen setzt. Das bedeutet nicht, dass du dich nun von deinem Partner/ deiner Partnerin trennen oder deine Familie im Stich lassen sollst. Es bedeutet aber, dass du dir von nun an auch Zeit für dich nehmen solltest, um etwas zu tun, das sich gut für dich anfühlt und dir Kraft gibt. Das kann ein Spaziergang für dich allein sein oder einfach eine Zeit der Ruhe mit einem schönen Buch. Eine Stunde nur – du wirst sehen, das wirkt Wunder. Erstens gibst du deiner Seele so die Möglichkeit, sich bei dir zu melden, und zweitens zeigst du dir selbst damit, wie wichtig du dir bist. Gut möglich, dass du während deiner «Ich-Zeit» auch längst vergessene Hobbies wiederentdeckst und sie nach Jahren wieder aufnimmst. Du brauchst nicht gleich dein eigenes Geschäft zu eröffnen – wenngleich auch das ein aufregender Gedanke ist –, du kannst dich auch in deinem Hobby zur Expertin weiterbilden, deine Produkte an Freunde und Bekannte verkaufen (nicht verschenken, denn es handelt sich hier um einen Energieaustausch, der dich spüren lässt, dass deine Arbeit einen Wert besitzt). Du wirst sehen, dass sich dir auf diese Weise eine ganz neue Welt öffnet, dein Selbstbewusstsein wird wachsen und du fühlst dich stärker.

Eine solche Veränderung kann die Menschen aus deinem Umfeld zuerst überfordern, sodass sie dich womöglich dabei nicht sofort unterstützen. Sie bevorzugen dich so, wie du vorher warst, als du in deiner Komfortzone geblieben bist. Du warst ein bequemer «Energielieferant»: Sie konnten zu dir kommen wie zu einer Tankstelle und sich bei dir mit neuer Energie und Lebensfreude auftanken – auf deine Kosten, notabene. Aber damit ist Schluss, wenn du dich dazu entscheidest, auf deine Intuition zu hören und deine Urkraft und dein Urvertrauen wiederzuerwecken (mehr dazu in Kapitel 12, Dein Urvertrauen). Sie müssen sich einen anderen Energiespender suchen oder damit beginnen, für sich selbst zu sorgen.

Versuche, diese anfängliche Verunsicherung der Menschen in deinem nahen Umfeld stehen zu lassen, falle nicht wieder in alte Muster zurück, wenn sie auf dich zukommen, dich um Hilfe bitten oder dir ein schlechtes Gewissen einreden, wenn du ihnen Grenzen setzt. Natürlich bedeutet das nicht, dass du ihnen nicht in Notsituationen beistehen oder keine Zeit mehr mit ihnen verbringen sollst. Aber du darfst auch dich und deine Bedürfnisse nicht mehr vernachlässigen. Dir wird es dabei immer besser gehen. Wenn du voller Energie und Freude bist, dann profitiert dein Umfeld auch davon.

Bist du dir nicht sicher, wer genau deine «Energie frisst», dann beobachte dich eine Woche (am besten einen Monat) lang einmal ganz genau. Notiere dir, wie du dich nach einem Treffen mit einem Menschen fühlst. In meinem Memberbereich findest du dazu ein entsprechendes Arbeitsblatt (Link zum Memberbereich auf: www.hear-your-soul.ch). Bist du energetisiert, voller Tatendrang, ruhig und gut gelaunt? Oder fühlst du dich ausgelaugt, traurig und müde? Wenn Letzteres der negative Fall ist, dann handelt es sich klar um einen Energiefresser, den es in die Schranken zu weisen gilt. Am besten ist es, den Kontakt zu ihm zu reduzieren oder sogar abzubrechen.

Es ist gut möglich, dass es Kolleginnen und Kollegen gibt, die dich als «Klagemauer» benutzen. Sie rufen dich an, wenn es ihnen schlecht geht, und schütten dir ihr Herz aus. Doch solange es ihnen gut geht, hörst du nichts von ihnen. Hier gilt es, ganz genau hinzuschauen und auf deinen Körper zu hören. Wie fühlt er sich nach einem Gespräch mit ihnen an? Hast du Bauchschmerzen, ist dein Nacken verspannt oder fühlst du dich generell danach traurig und antriebslos? Dann ist es an der Zeit, dass du den Kontakt zu diesen Menschen auf ein Minimum beschränkst. Denke daran: Du willst in ein neues Leben aufbrechen und alles hinter dir lassen, was dich behindert.

Für deinen neuen Weg brauchst du jeden noch so kleinen Teil deiner Energie – und vor allem deines Mutes. Negative Menschen in deinem Umfeld helfen dir dabei nicht weiter, im Gegenteil. Deine neu entdeckte Intuition und dein erwachtes Bewusstsein lassen dich nun erkennen, wer dir gut tut und wer dich in deinem Vorwärtskommen bzw. in deiner Entwicklung behindert. All die vorangegangenen

Übungen, von denen du nach Möglichkeit einige in deinen Alltag integriert hast, zielen darauf ab, dass du mit jedem Tag dein Leben bewusster lebst und vieles wahrnimmst, was dir bis heute verborgen geblieben ist. Unweigerlich wird dich dieses neue Bewusstsein dazu bringen, dein Leben zum Guten zu verändern und dich von Menschen zu verabschieden, die deine Bewusstseinserweiterung nicht mit dir teilen können – oder wollen. Sei diesen Menschen nicht böse – sie sind einfach auf einem anderen Weg. Denke daran: Jeder hat stets die Wahl. So auch du.

Meditation – so klappt es

Suche dir einen ruhigen Ort, an den du dich zurückziehen kannst. Das kann eine Ecke in deiner Wohnung sein, ein Platz draussen in der Natur oder dein (stehendes) Auto. Begib dich dorthin, wo du eins mit dir bist, wo du dich wohl und behütet fühlst und du für einen Moment ungestört bist. Schliesse deine Augen. Nimm einen tiefen Atemzug, einen zweiten und einen dritten. Dann visualisiere, wie sich vor dir eine rosa Wolke bildet. Sie strahlt ein angenehmes Licht aus und der Duft, den sie ausströmt, fordert dich auf, noch tiefer ein- und auszuatmen. Beobachte vor deinem inneren Auge, wie die Wolke langsam auf dich zukommt und dich ganz umhüllt. Gleichzeitig atmest du sie auch ein, sodass du innerlich und äusserlich gänzlich von ihr umgeben bist. Die rosa Wolke bedeutet Sicherheit. Behütetsein. Du bist voll und ganz geschützt und kannst dich darum ganz auf dein Inneres konzentrieren. Spüre, wie es warm wird um dein Herz. Dein Herzensraum öffnet sich wie eine Blüte im Sommer. Dein Herz freut sich, dass du ihm deine Aufmerksamkeit schenkst. Atme noch einmal tief ein und aus und widme dich dann ganz deinem Herzen. Frage es innerlich: Was hält mich zurück in meiner weiteren Entwicklung? Was oder wen muss ich aufgeben oder loslassen? Dann lass deine Gedanken schweifen. Was auch immer in dir aufsteigt, höre zu, werte nicht. Lass es einfach fliessen. Falls du nichts hörst, ist das auch in Ordnung, womöglich siehst du dafür Bilder vor deinem geistigen Auge. Es kann auch sein, dass dein Wissen zuerst in dein Unterbewusstsein gelangt und dort verweilt, bist du innerlich bereit bist, es in dein Bewusstsein zu holen und der Wahrheit ins Auge zu sehen. Sei einfach offen.

Manchmal sind es auch nur kleine Veränderungen, die man vornehmen muss, wie ein erster kleiner Schritt. Zum Beispiel, dass man weniger Kaffee oder Alkohol konsumiert oder weniger raucht (mehr dazu in Kapitel 8, Ablenkungsmethoden). Es kann aber auch sein, dass du vor deinem inneren Auge einen Menschen siehst, den du aus deinem Leben verabschieden musst. Auch hier gilt nicht, dass du gleich deine Partnerschaft auflösen oder einer Kollegin die Freundschaft kündigst sollst. Es gilt, bewusst wahrzunehmen, wer erscheint. Danach beobachtest du in den kommenden Wochen und Monaten genau (siehe die vorangegangene Übung), wie die Begegnungen mit diesen Menschen verlaufen, aus welchem Grund du sie triffst und wie du dich danach fühlst. Falls es dein Job ist, der dich daran hindert, dein Leben zu ändern, dann nimm auch das vorerst einfach nur zur Kenntnis. Du brauchst nicht gleich zu deinem Vorgesetzten zu laufen und zu kündigen. Beginne damit, dich zu fragen, welchen Job du lieber ausführen würdest, was dein Traumjob für dich beinhalten würde und wie du am besten dahin kommst. Alles andere wird folgen. Der erste Schritt ist der wichtigste (mehr dazu in Kapitel 14, Der erste Schritt).

Kapitel 8 – Ablenkungsmethoden

Neben den Energiefressern, über die wir im vorangegangenen Kapiteln gesprochen haben, gibt es noch etwas anderes, das dich davon abhält, deine innere Stimme zu hören. Es sind dies deine Ablenkungsmethoden. Jeder von uns verfügt über sie, bewusst oder unbewusst. Manchmal wollen wir nicht hören, was unsere innere Stimme uns zuflüstert, weil es zu unbequem ist, womit sie uns beauftragt. Uns graut davor, unsere Komfortzone verlassen zu müssen (siehe Kapitel 5, Blick in dein Inneres). Also bringen wir unsere innere Stimme kurzerhand zum Schweigen. Nachstehend liste ich einige der gängigsten Ablenkungsmethoden auf. Diese Liste ist nicht erschöpfend und du wirst – wenn du dir gegenüber ehrlich bist

– am besten wissen, welche deine bevorzugten Ablenkungsmethoden sind.

Arbeit

Wir alle kennen die Worte: «Sorry, ich bin gerade im Stress.» Das klingt gut in unserer heutigen Gesellschaft. Wenn man im Stress ist, ist man wichtig. Man hat viel Arbeit, weil man gut ist, oder gefragt. (Zu) viel Arbeit zu haben ist ein gutes Zeichen – findet unsere Gesellschaft. Doch ist das so? Wann hast du deinen Körper das letzte Mal gefragt, was er davon hält, dich täglich zur Arbeit schleppen zu müssen, dort zehn bis zwölf Stunden sitzend auszuharren, mit verkrampftem Nacken und schmerzendem Rücken, um dann ins Einkaufszentrum zu rennen und dir mit Fastfood Energie zuführen zu müssen. Am Abend bleibt allenfalls noch Zeit für einen Drink mit Kollegen oder einen kurzen Besuch im Fitnessstudio, dann ist der Tag vollbracht. Nicht zu vergessen die regelmässigen Mailchecks auf dem Smartphone, auch spätabends. Womöglich findest du diese Darstellung ein wenig übertrieben – oder du erkennst dein Leben darin wieder. Ich jedenfalls lebte so, bevor ich mich dazu entschloss, mein Leben wieder aktiv in die Hand zu nehmen und meiner Intuition zu folgen.

Essen

Eigentlich wissen wir alle intuitiv, was unser Körper braucht, was ihm gut und was ihm schadet. Wenn du mit deinem Körper eng verbunden bist – durch deine Urkraft, dein Urvertrauen und deine Intuition – spürst du genau, welche Nahrung dein Körper gerade braucht und worauf du zurzeit verzichten solltest. Wenn du seine Signale jedoch nicht zur Kenntnis nehmen oder wenn deine innere Stimme nicht hören willst, wirst du – bewusst oder unbewusst – zu Essen greifen, das dir nicht gut tut: (zu) viele Süssigkeiten, zu fettige Speisen, Fast Food, alles was lange haltbar gemacht oder so verändert wurde (auch genmanipuliert), dass die Lebensmittel kaum noch wertvolle Nährstoffe enthalten. Gesättigte Fette und raffinierter Zucker machen abhängig und nur für kurze Zeit glücklich. All das weisst du bereits. Natürlich kann dir eine gute Ernährungsberaterin im Detail erklären, was du essen solltest und was nicht, denn jeder Mensch besitzt eine andere Konstitution. Das oben Gesagte ist jedoch allgemeingültig. Auch gezuckerte Getränke und ein Übermass an Kaffee können deine innere Wahrnehmung trüben. Sie rufen eine subtile Sucht hervor, der du unterliegst. Wenn du dich jedoch wieder richtig wahrnehmen und deine innere Stimme hören willst, vor allem aber dir wieder mehr Energie, Bewusstsein und Präsenz in deinem Körper wünschst, dann ist es an der Zeit zu erwägen, deine Ess- und Trinkgewohnheiten zu ändern. Frische, selbst zubereitete Speisen, ungezuckerte Getränke, regionale Produkte (ohne langen Anfahrtsweg) und viel Obst und Gemüse liefern dir die richtige Energie. Probiere es aus, dein Körper wird sich darüber freuen. Wenn du ihm zusätzlich jeden Tag frische Luft gönnst und dich draussen bewegst, seien es auch nur ein paar Minuten zu Fuss von der Bushaltestelle nach Hause, dann wird er jubeln und dich mit Energie und Frische belohnen.

Alkohol

Auch Alkohol gehört zu den Ablenkungsmethoden. Möglicherweise denkst du: Ich trinke nur ein Glas Wein ab und zu, ein bisschen Vergnügen darf ich mir ja wohl noch gönnen. Ich möchte hier klarstellen: Ich bin kein Apostel, der den «richtigen» Lebenswandel predigen möchte. Ich biete lediglich Denkanstösse. Als eigenständiger Mensch bist du allein voll und ganz für dein Leben verantwortlich. Du kannst also die nachfolgenden Zeilen lesen und sie auf dich wirken lassen oder sie überspringen und beim nächsten Abschnitt weiterlesen.

Alkohol vernebelt die Sinne. Wie ungesundes Essen kann er unsere Körperwahrnehmung trüben und unsere innere Stimme zum Schweigen bringen. Dazu braucht es keine grossen Mengen. Auch kleinere

Mengen Alkohol, regelmässig getrunken, reichen, um dich von deiner Intuition zu trennen. Bereits ein Glas Wein, Bier, Champagner oder dergleichen versetzen dich vorübergehend in eine andere Gemütslage. Die Welt sieht rosiger aus, Probleme scheinen kleiner und unbedeutender als ohne Alkohol. Aber diese vermeintliche Erleichterung ist nur eine Flucht – eine temporäre. Denn sobald die Wirkung des Alkohols nachlässt, wirst du dich wieder deinen Problemen gegenübersehen, ohne dass sie kleiner geworden wären. So kannst du dich über Wochen, Monate und Jahre selbst belügen und in einer Art Wolke gefangen halten. Das gleiche gilt für Drogen und Zigaretten. Auch wenn du dir vormachst, sie seien nicht so schlimm und einfach ein Teil von dir. Du musst wissen, dass diese Substanzen deine innere Stimme längerfristig zum Schweigen bringen, nebst den gesundheitlichen Schäden, die dir ihr regelmässiger Genuss bringen kann. Ich möchte dir damit nicht die Freude an einem gemütlichen Beisammensein nehmen. Ich schlage dir aber vor, es einmal einen Monat ohne Alkohol zu versuchen. Schau, was dabei mit dir geschieht. Um einen Unterschied zu bemerken, braucht es eine solche längerfristige Bereitschaft, auf Alkohol zu verzichten. Wie auch immer du diese Zeit erlebst – dein Körper wird es dir auf jeden Fall danken.

(Zu) viele Freizeitaktivitäten

Natürlich ist es gut, wenn du in deiner Freizeit etwas unternimmst. Aber ist es wirklich nötig, jede freie Minute zu verplanen? Gehörst du zu denjenigen, die ihre Freizeit ebenso minutiös durchorganisieren wie ihre Arbeit und Termin an Termin reihen, nur um nicht allein sein zu müssen, keine Zeit fürs Nichtstun zu haben und über sich selbst nachdenken zu müssen? Denn das steckt oft dahinter, wenn wir uns in der Freizeit keine Entspannung gönnen. Ich gehöre da ab und zu sicher auch dazu, wenn ich ehrlich bin. Man kann sich das auch sehr gut schönreden: Ich gehe ja ins Yoga, ins Fitnesscenter, absolviere eine Weiterbildung oder treffe mich mit Freunden. All diese schönen Dinge sind positiv für deinen Körper und dein Wohlbefinden. So kannst du deine Aktivitäten vor dir selbst rechtfertigen. Doch wenn du dir gegenüber ehrlich bist, steckt oft eine Flucht vor deiner Seele, deinen ganz tiefen, inneren Gedanken dahinter, wenn du dir nie Zeit gönnst, in der du mal allein bist, einfach nichts tust und deine Seele baumeln lässt. Bei einem Spaziergang in der Natur oder in deinem Lieblingssessel mit einem feinen Tee – was auch immer dir ermöglicht, deine Gedanken schweifen zu lassen. Nimm dir jeden Tag ein paar Minuten Zeit dafür, abends oder am Wochenende auch einmal ein, zwei Stunden. So gibst du deinem System die Möglichkeit, herunterzufahren, dein Geist kann sich beruhigen und deine innere Stimme zu Wort kommen lassen. Auf diese Weise kannst du falsche oder ungünstige Entscheidungen verhüten, die dir Probleme bereiten könnten.

Wenn du dich einmal in Ruhe einmal zurücklehnst, kommen dir Gedanken wie: Ich könnte diese Person einmal anrufen, jener ein Mail schreiben, dieses Essen tut mir nicht besonders gut, nach einem Treffen mit meiner Bekannten xy fühle ich mich immer ausgelaugt (siehe Kapitel 7, Deine Energiefresser) oder mein Job macht mich unglücklich.

Was auch immer es ist, das dich tief in deinem Innern beschäftigt, es wird sich dir in solchen Augenblicken offenbaren – früher oder später. Du musst ihm nur Gelegenheit dazu geben. Also frage dich das nächste Mal, wenn du einen Termin in deinen Kalender schreibst, ob du wirklich so viele Freizeitaktivitäten benötigst oder nicht auch einmal gut wäre, Zeit nicht zu verplanen. Versuche es und lasse dich überraschen, was geschieht. Du kannst nur gewinnen.

Social Media

Die sozialen Medien sind aus unserem Leben nicht mehr wegzudenken, da sind wir sicher einer Meinung. Die Frage ist jedoch, wie viel Aufmerksamkeit man ihnen schenkt und wie viel Zeit man in sie investiert. Notiere dir einmal eine Woche lang, wie viele Stunden du pro Tag in den sozialen Medien verbringst. Das ist eine gute Übung, um dein Bewusstsein dafür zu schärfen. Als Erweiterung kannst du auch notieren, wie viele Stunden pro Tag du am Computer verbringst und aus welchem Grund – um zu arbeiten, zum Zeitvertreib, zum Spielen oder für Online-Einkäufe. In meinem Memberbereich findest du dazu ein entsprechendes Arbeitsblatt (Link zum Memberbereich auf: www.hear-your-soul.ch).

Möglicherweise ahnst du schon, wie das Resultat aussehen wird. Vielleicht wirst du aber auch erstaunt sein. Es geht mir nicht darum, die sozialen Medien schlechtzureden, ich benutze sie selbst ja auch – aber überlegt und mit Mass. Frage dich: Wann greifst du morgens erstmals zu deinem Smartphone? Schon im Bett, kurz nachdem dein Wecker geläutet hat? Ich persönlich handhabe es so, dass ich mein Smartphone erst anstelle, wenn ich das Haus verlasse oder zu Hause mit der Arbeit beginne. So verfüge ich mindestens über eine Stunde nur für mich und meine innere Stimme. Ich kann langsam wach werden, ohne sofort mit den neusten Nachrichten – die sowieso meistens negativ sind – oder den neuesten Mitteilungen von Freunden und Bekannten überschüttet zu werden.

Wenn du dein Smartphone bereits frühmorgens benutzt, vergibst du dir die Chance, mit deiner Intuition Kontakt aufzunehmen. Jedoch ist genau das sehr wichtig, denn wenn du im Übergangsstadium von Schlaf zu Wachsein bist, erhältst du viele wichtige Nachrichten aus deinem Unterbewusstsein, da dein rationaler Verstand zu der Zeit noch nicht auf seiner vollen Betriebstemperatur ist. Deine innere Stimme nutzt diese Gelegenheit, um sich bei dir zu melden. Sie wird dir zuflüstern: Rufe diese Person an, recherchiere jenes Thema im Internet, besorge dir noch heute dieses oder jenes und vieles mehr.

Ich habe schon viele sehr gute Einfälle gehabt, die mir durch bewusstes Aufstehen und die ruhige Zeit allein am Morgen kamen. Die Unterstützung durch deine Intuition ist zielgerichtet, sehr wertvoll – und vor allem gratis. Die Intuition kann dich auch von einer falschen Entscheidung warnen, vor einem Menschen, der dir nicht guttut oder vor einer heraufziehenden Krankheit, wenn du dich zu sehr zu verausgaben drohst.

Was immer es ist, die innere Stimme will nur dein Bestes. Gib ihr die Chance, dich zu unterstützen, wenigstens am Morgen. Wenn du mutig bist, stellst du dein Smartphone auch abends eine Stunde vor dem Zubettgehen aus, ebenso deinen Computer und den Fernseher. Das ermöglicht dir, deinen Geist zu beruhigen und dich auf einen erholsamen Schlaf vorzubereiten, der nicht durch ein Wirrwarr an Gedanken gestört wird. Du kannst dich ganz auf dein Inneres konzentrieren. Warum vor dem Einschlafen nicht einmal ein gutes Buch lesen, Meditationsmusik hören oder einfach einen Moment nur dasitzen und die Seele baumeln lassen?

konzentrieren. Warum vor dem Einschlafen nicht einmal ein gutes Buch lesen, Meditationsmusik hören oder einfach einen Moment nur dasitzen und die Seele baumeln lassen?

Kapitel 9 – Mein neues Bewusstsein

Wenn du die vorangegangenen Übungen in deinen Alltag einfliessen lässt, dann stellt sich natürlich die Frage, was du mit deinem neuen Bewusstsein anfängst, wenn es erwacht ist.

Du wirst einige Dinge in deinem Leben neu wahrnehmen: wohin deine Energie fliesst, wie es deinem Körper geht, was du persönlich brauchst, welche Menschen dir guttun und welche weniger, welche Freizeitaktivitäten und Tätigkeiten dir wirklich gefallen und was du nur aus reiner Gewohnheit ausführst. Diese Liste könnte man endlos erweitern, denn jeder Mensch hat andere Präferenzen.

Abgesehen von den Dingen, die du plötzlich neu wahrnimmst, werden sich dir im Zusammenhang mit deinem neuen Bewusstsein drei Fragen stellen: Erstens, was geschieht auf deinem Weg zu deinem neuen Bewusstsein; zweitens, wie sicher ist er und drittens, was, wenn du dich irrst?

Auf dem Weg

Was geschieht auf meinem Weg zu meinem neuen Bewusstsein? Das möchtest du sicher gerne wissen, bevor du dich in das Abenteuer «Intuition» stürzt und beginnst, mithilfe meiner Übungen deine innere Stimme wieder zu aktivieren. Die Antwort lautet kurz: einfach alles! Doch das muss dir keine Angst machen, denn diese zwei Wörter sind ganz und gar im positiven Sinne zu verstehen. Du wirst überrascht sein, was dir plötzlich alles auffällt, du wirst andere – bessere – Entscheidungen für dich treffen und dein Leben wird ohne grosse Tragödien weitergehen. Es wird fliessen. Und sollte wirklich einmal etwas Schlimmes in dein Leben treten, hast du eine verlässliche Begleitung: deine Intuition, die dir stets den Weg zeigt.

Natürlich werden sich dir auch Hindernisse in den Weg stellen. Jetzt höre ich dich sagen: «Dachte ich's mir! Es wird schwierig.» Doch so musst du es nicht sehen. Ja, es kann auch herausfordernd werden, aber das ist mit jeder neuen Tätigkeit so, mit jedem neuen Hobby, das du aufnimmst. Mit einem Hindernis meine ich zum Beispiel, dass dir etwas bewusst wird, das du bis dahin in deinem Leben verdrängt hast. Du wolltest es nicht sehen und hattest in deinem Herzen eine Stelle, in der Dunkelheit herrschte.

Auf deinem neuen Bewusstseinsweg ist es jedoch so, dass du die Taschenlampe in die Hand nimmst – indem du die von mir beschriebenen Übungen ausführst – und beginnst, die dunklen Ecken deines Herzens auszuleuchten. Du wirst nicht immer Freude an dem haben, das du da zu sehen bekommst. Doch wenn du dir gegenüber ehrlich bist, wirst du dort nichts entdecken, das du nicht schon vorher geahnt hast. Nun siehst du es klar vor dir – oder deine innere Stimme flüstert es dir zu. Du hörst dann Dinge wie zum Beispiel: Mein Job ist nicht mehr der richtige, ich muss etwas ganz Neues machen. Mein Partner/meine Partnerin ist nicht mehr der/die Richtige für mich, ich will mich von ihm/ihr trennen. Meine Hobbies erfüllen mich nicht, ich will mir etwas Neues beibringen. In meinem Leben fehlen gesunde Freizeitaktivitäten, die mir Spass machen, das muss ich ändern. Ich ernähre mich viel zu ungesund, ich muss etwas ändern.

Diese Liste liesse sich noch ins Unendliche verlängern; ich habe hier die Themen aufgeführt, die bei den meisten Menschen hochkommen. In jedem Fall trifft zu: Du bist mit einem Aspekt deines Lebens (oder mehreren) nicht mehr zufrieden. Diese Erkenntnis kann Angst machen. Aber deine Angst ist unbegründet. Was du brauchst ist den Mut, deine Komfortzone zu verlassen und eine Änderung vorzunehmen. Das ist alles.

Höchstwahrscheinlich erwarten dich auf deinem Weg zu deinem neuen Bewusstsein auch Überraschungen und du entdeckst Dinge an dir, die dir bisher verborgen geblieben waren, etwa Kreativität, neue Talente, Freude an Musse und dergleichen. Nimm diese Geschenke dankbar an und gehe weiter auf diesem Weg, der für dich stimmt. Niemand kann dich davon abhalten.

Wie sicher ist mein Weg?

Das ist eine berechtigte Frage. Ich kann dir dazu eine klare Antwort geben: Sicherheit ist eine Illusion, egal, ob du in deiner Komfortzone verharrst oder etwas Neues wagst. Denn das Leben ist stets im Fluss, das Leben an und für sich ist Veränderung (mehr dazu in Kapitel 12, Dein Urvertrauen). Daher kannst du beruhigt den Weg deines neuen Bewusstseins gehen und deiner inneren Stimme folgen und brauchst nicht alles beim Alten zu lassen und in deiner Komfortzone zu verharren. Was denkst du?

Etwas Neues auszuprobieren birgt immer ein Risiko, ein kleineres oder ein grösseres. Ich erwarte nicht, dass du dein ganzes Leben gleich auf den Kopf stellst. Es ist nun aber an der Zeit, dass du dir bewusst wirst, welche Dinge in deinem Leben dir nicht mehr dienlich sind und deine persönliche Entwicklung behindern.

Es besteht die Möglichkeit, dass dein Umfeld dir nicht folgen kann, wenn du diesen neuen Weg einschlägst. Es hat dich so gekannt und gemocht, wie du warst. Du warst einschätzbar, einfach zu handhaben und immer hilfsbereit.

Wenn du dich von nun an aber genauer beobachtest, deine Energiefresser erkennst und deine Persönlichkeit weiterentwickelst, kann es gut sein, dass die Menschen um dich herum das nicht gutheissen. Erstens, weil sie dich nicht mehr in die Schublade stecken können, in der du für sie stets warst, und zweitens, weil ihnen vor Augen geführt wird, was alles möglich wird, wenn man sich zu seinem neuen Bewusstsein aufmacht. Sie fühlen sich durch dich unbewusst aufgefordert, auch selbst loszumarschieren. Das kann Widerstände in ihnen auslösen, wenn sie noch zu sehr in ihrer Komfortzone verankert und nicht dazu bereit sind, sich zu verändern. Möglicherweise wirst du von ihnen verbal angegriffen oder dein Verhalten wird infrage gestellt, wenn du neue Wege beschreitest. Damit musst du leben. Du kannst diese Menschen nicht ändern – und sie dürfen dich aber auch nicht daran hindern, aufzubrechen und dein eigenes Potenzial zu leben. Also lass sie los und lockere den Kontakt zu ihnen. Gut möglich, dass sie sich nach einigen Wochen, Monaten oder Jahren wieder bei dir melden und dann selbst auf ihrem Weg zu einem neuen Bewusstsein sind. Falls du dich nicht von ihnen trennen kannst, weil sie zu deiner engeren Familie gehören, dann helfen Toleranz und Verständnis auf beiden Seiten, dass man den anderen sein Leben leben und sich so entwickeln lässt, wie es seiner Bestimmung entspricht.

Was, wenn ich mich irre?

Das ist eine Frage, die du dir berechtigterweise stellst. Es ist gut möglich, dass du dich auf deinem Weg ins neue Bewusstsein auch einmal irrst. Das heisst, genau genommen irrt sich deine Seele nie. Sie kennt den Weg, der für dich gut ist. Aber es gibt da auch ein paar Tücken. Es kann dir passieren, dass du auf die Stimme deines Egos hörst anstatt auf deine innere Stimme. Diese beiden Stimmen sind – auch nach jahrelanger Übung – schwer voneinander zu unterscheiden. Das darf dich jedoch nicht entmutigen, im Gegenteil. Sieh es als eine Herausforderung an, an der du wachsen kannst. Damit du eine Ahnung davon bekommst, wie sich die beiden Stimmen voneinander unterscheiden lassen, gebe ich dir hier ein paar Hinweise:

Das Ego will nicht das Beste für alle Beteiligten, sondern es will das Beste nur für dich allein. Das Ego will auch nicht «sterben», daher redet es dir Mangel ein – Mangel an Liebe, an Essen, an Dingen, an Jobs, an Geld, an Zeit –, damit du etwas dagegen unternimmst. Wer so denkt, drängelt sich beispielsweise im Supermarkt vor, weil er (unbewusst) Angst hat, zu spät zu kommen und nichts mehr zu bekommen. Auch wenn wir hier in der westlichen Welt im Überfluss leben, haben trotzdem viele Menschen dieses Mangeldenken. Es ist dein Ego, das dich anpeitscht, dich stets mit anderen zu messen, immer schneller, grösser, besser zu werden. Das Ego kann dir auch zuflüstern: Sie ist schöner als du, er ist erfolgreicher als du, sie können sich die exklusiveren Ferien leisten als ich. Alle Gedanken, die Konkurrenzdenken, Wettbewerb, ein Streben nach mehr in dir hervorrufen, kannst du ruhig überhören. Natürlich musst du deinen Lebensunterhalt bestreiten, damit du deine Rechnungen bezahlen kannst. Jedoch nicht um jeden Preis; nicht um den Preis, dass du deine Gesundheit ruinierst, deine Beziehung aufs Spiel setzt oder deine Freunde verlierst.

Wenn du dich dabei ertappst, dass du auf diesem Weg bist, kann ich dich beruhigen: Es ist nie zu spät, sich zu ändern. Du kannst jederzeit umkehren. Allein der Gedanke und die Einsicht, dass du deine Energie an der falschen Stelle einsetzt oder ungleichmässig verteilst, hilft dir, dich wieder auf den richtigen

Weg zu begeben. Glaube mir, es wird immer wieder vorkommen, dass du dich irrst und in dein alte Glaubensmuster zurückfällst. Das ist ganz normal, du willst dich aus oft jahrelang gepflegten Gewohnheiten befreien. Das erfordert Zeit – und den Durchhaltewillen, altgewohnte Gedankenstrukturen auch wirklich zu ändern.

Wie verhält es sich nun mit der Stimme deiner Seele? Welche Merkmale zeichnen sie aus? Deine Seele will stets das Beste für dich und alle Beteiligten, für die Natur und die Welt. Sie strebt deine innere Zufriedenheit und ein tiefes Glücksgefühl an, indem du dich in den Dienst des Grossen und Ganzen stellst. Daraus folgt nicht, dass du ab jetzt nur noch dienst und allen Menschen hilfst. Es bedeutet, dass du achtsam bist, rücksichtsvoll gegenüber deiner Umwelt und deinen Mitmenschen und empathisch. Du gibst, was du von anderen zu erhalten wünschst: Liebe, eine helfende Hand, Verständnis, ein Lächeln, ein offenes Ohr und vor allem ein offenes Herz.

Offen sein

Das Allerwichtigste auf deinem neuen Weg ist, dass du offen bist. Offen für das, was du unterwegs erkennen wirst. Du musst dich empfänglich machen für die Botschaften deiner inneren Stimme. Wie in den vorangegangenen Kapiteln erwähnt, ist es wichtig, dass du bereit bist, Neues an dir zu entdecken – und dieses Neue dann in deinen Alltag zu integrieren, ihm Raum zu geben, damit es sich entwickeln kann. So kannst du dich in deinem Leben weiterentwickeln.

Stell dir vor, du bist ein Mensch, der von Kopf bis Fuss in eine warme Decke eingewickelt ist. Das ist zwar gut, denn das schützt dich vor Kälte. Doch du befindest dich auf einem schönen, weiten Feld, es ist Frühling und du möchtest über das Feld laufen, den Duft der Blumen in dir aufsaugen und die Gräser berühren. In deine dicke Decke gehüllt ist das aber nicht möglich. Also ist es an der Zeit, dass du dich von diesem Schutz befreist. Schritt für Schritt wickelst du dich aus, jeden Tag ein Stückchen mehr. Bei jedem neuen Schritt jubelt deine Seele tief in dir ein wenig lauter und geniesst ihre neue Freiheit. Bis du dich ganz aus der Decke befreit hast und nun unbeschwert über das Feld läufst, lachst und dich deines Lebens freust. So kannst du deine einzelnen Entwicklungsschritte betrachten, die du nun machen wirst.

Um dich für alles, was dich erwartet, zu öffnen – neue Talente, Hobbys, Vorlieben, eine neue Lebensphilosophie, neue Freunde – kannst du dir jeden Morgen folgende Worte sagen: «Heute werde ich das sehen, was es zu sehen gibt, das fühlen, was es zu fühlen gibt und das wissen, was es zu wissen gibt.» Diese Worte öffnen dich. Du bist bereit und bestätigst es dir jeden

Morgen neu.

Auch wenn du etwas Unerfreuliches entdeckst, zum Beispiel, dass du in deiner Beziehung nicht mehr glücklich bist und dich trennen möchtest, werte dies nicht und verurteile dich auch nicht. Die Wahrheit kann schmerzen, aber sie gibt dir auch Klarheit. Denn wenn du dich belügst und deine innere Stimme immer wieder zum Schweigen bringst, kostet dich das sehr viel Energie. Das ist Lebensenergie, die du nicht zur Verfügung hast für Dinge, die dir wirklich am Herzen liegen und deine Seele jubeln lassen. Wage es, sprich diese Worte, die dich öffnen, jeden Tag wie ein Mantra laut aus. Und denke daran: Es können auch sehr schöne Dinge sein, die dir mit deinem neuen Bewusstsein widerfahren: eine neue Liebe, eine bisher unentdeckte Vorliebe für gesundes Essen, für Sport, Bewegung in der freien Natur. Alles ist möglich, nichts ist unmöglich.

Kapitel 10 – Selbsthilfe

Obwohl streng genommen das ganze Buch von Selbsthilfe handelt, ist es mir ein Anliegen, diesem Thema ein eigenes Kapitel zu widmen. Viele Menschen, die ich in meinem bisherigen Leben angetroffen habe, haben resigniert, wenn sie sich in einer schwierigen Situation wiederfanden. Nur allzu gerne haben sie die Schuld daran anderen zugeschoben, statt bei sich selbst zu beginnen und dort aufzuräumen.

Die Opferrolle

Sie ist sehr einfach. Bequem in der Anwendung. Jahrelang oder sogar jahrzehntelang erprobt. Nicht nur von den anderen, nein, sondern auch von dir und mir. Die Opferrolle ist sehr effizient und verschafft sofort Erleichterung. Wenn du dich als Opfer siehst, bist du nicht schuld. Die anderen sind es. Dein Vorgesetzter, der dich immer schlecht behandelt und deine Arbeit nicht wertschätzt, dein Partner, der dich immer nur kritisiert und nicht auf deine Bedürfnisse eingeht, deine Mutter, die sich stets in dein Leben einmischt, dein Nachbar, der dich mit seiner lauten Musik nachts aus dem Schlaf reisst, deine Arbeitskollegin, die hinter deinem Rücken schlecht über dich spricht.

Wer auch immer dir gerade dein Leben schwermacht – die obige Liste könnte man endlos erweitern – es ist nicht so, dass du deren Opfer bist und sie die Täter. Das Opfer-Täter-Spiel in deinem alltäglichen Leben ist nur von deinem Ego inszeniert. Daraus entstammen dann Gefühle und Empfindungen wie Ärger, Wut, Frust oder Hass. Du bist die/der Gute, die anderen sind die Bösen. So einfach ist es. Oder anders gesagt: Du musst nichts tun, die anderen sollen sich ändern, damit es dir wieder besser geht.

Aber so funktioniert unsere Welt nicht. Ein Spruch, den ich einmal gelesen habe – und der seither an meiner Eingangstüre hängt – sagt: Manifestation beginnt innen, nicht aussen. Diesen Spruch habe ich bewusst an einem prominenten Ort platziert, damit er mich täglich daran erinnert, meine Opferrolle loszulassen und mich nicht mehr auf dieses Spiel einzulassen. Denn in diesem Spiel kann nur eine/r verlieren:

ich. Oder du. Denn im Gegensatz zu dem, was dir dein Ego weismachen will, ist es nämlich so, dass du in der Opferrolle nicht die Zügel in der Hand hast, sondern die anderen. Stell dir vor, du fährst in deinem Auto mit 120 km/h auf der Autobahn und willst von A nach B gelangen. Doch dann verschränkst du plötzlich die Arme vor deiner Brust, weil dein Beifahrer – dein Vorgesetzter, Partner, Kollege, Freund, Vater – dich kritisiert und sagt, er könne es besser, du seist auf dem falschen Weg und machest alles falsch. Wenn du ihm dann noch erlaubst, das Steuer zu übernehmen – vom Beifahrersitz aus, wohlverstanden – dann endet eure Fahrt garantiert in einem Desaster: Du wirst an einem Ort landen, wo du nicht hinwolltest (vermutlich sogar im Strassengraben) und dir dabei auch noch ein paar Verletzungen zuziehen – im übertragenen Sinne Verletzungen deines Herzens.

So muss es jedoch nicht sein. Denn du besitzt die Macht, dein Leben selbst in die Hand zu nehmen. Wenn du diese Macht jedoch an andere abgibst, wirst du fremdbestimmt. Das wird – wie im Bild mit dem Steuerrad – kein gutes Ende nehmen und du wirst dabei längerfristig unglücklich. Kein Mensch, auch wenn er dich noch so gut kennt, kann in dich hineinsehen. Niemand weiss, was du wirklich empfindest, was du wirklich brauchst und willst. Ja, zugegeben, manchmal weisst du es selbst noch nicht so genau. Aber der Weg der Intuition, der Weg zu deinem neuen Bewusstsein, wird es dir aufzeigen.

Selbstermächtigung

Wir haben also gesehen, dass du über die Macht verfügst dein Leben zu verändern. Auch wenn du jetzt sofort Einwände hast wie: Ich kann nicht einfach meinen Job kündigen, meine Familie braucht mich, ich habe kein Geld für eine Weiterbildung, ich bin nicht intelligent genug für eine neue Ausbildung, mein Partner/meine Partnerin würde mich dabei nie unterstützen, ich muss meine Familie ernähren, und so weiter. All diese Ausreden habe ich von vielen Menschen bereits gehört, immer und immer wieder. Das ist es nicht, was ich unter Selbstermächtigung verstehe. Diese Sätze sind Selbstsabotage und bringen dich in deinem Leben nicht weiter. Sie halten dich nur in deiner Komfortzone fest; du rechtfertigst so vor dir selbst, dass du an deinem Leben nichts ändern kannst – und auch nicht musst. Bewusst oder unbewusst bleibst du lieber in deiner Opferrolle stecken. Möglicherweise glaubst du sogar, dass die Gründe wirklich stichhaltig sind und es dir deine Umstände wirklich nicht ermöglichen, dein Leben zu ändern und etwas Neues zu beginnen. Auf den ersten Blick mag das stimmen. Doch auf den zweiten Blick ist dem nicht so. Denn du kannst immer etwas ändern. Auch heute.

Gerade jetzt. Indem du nämlich dein Leben wieder selbst in die Hand nimmst – oder das Steuerrad, wenn du dich auf das vorher erwähnte Bild beziehen willst – und beginnst, in die Richtung zu lenken, die für dich stimmig ist.

Zuerst beginnst du damit in deinem Innern. Nur dort. Darüber brauchst du mit niemanden zu sprechen. Sage einfach zu dir: Ich ermächtige mich dazu, ein neues Leben zu beginnen. Ich bin dazu bereit. Diese beiden Sätze kannst du dir ab heute jeden Morgen und jeden Abend sagen. Am Morgen kurz nach dem Weckerklingeln und am Abend direkt vor dem Einschlafen. Auch wenn es dir unbedeutend scheinen mag, ist dies doch eine kraftvolle Aussage. Du übernimmst das Steuerrad deines Lebens, Schritt für Schritt, Tag für Tag.

Was will ich?

Natürlich ist es wichtig, dass du dir früher oder später darüber im Klaren bist, was du willst und wohin es in deinem weiteren Leben gehen soll. Auch wenn der erste Schritt getan ist und du die richtige Autobahnauffahrt genommen hast, mit deinen Händen am Steuerrad, dann heisst das noch lange nicht, dass du an dein Ziel gelangst. Zuerst musst du wissen, wohin du willst. Dann, mit wem und in welchem Tempo.

Wenn du dir diese Fragen zurzeit nicht beantworten kannst, ist das nicht weiter schlimm. Wichtig ist, dass du einige der in diesem Buch erwähnten Übungen in deinen Alltag integrierst, um dein Bewusstsein zu erweitern. Du brauchst nicht alle anzuwenden, ich empfehle dir jedoch, sie alle einmal auszuprobieren. Anschliessend entscheidest du, welche sich für dich am besten anfühlen, sodass du sie in deinem Alltag anwendest.

Natürlich kannst du dir die Frage nach deinem eigentlichen Ziel immer wieder stellen, während du auf deinem Weg bist. Gut möglich, dass sich dein Ziel mit der Zeit ein wenig ändert, weil du neue Fähigkeiten an dir entdeckst, neue Vorlieben entwickelst oder Dinge erkennst, die du nicht mehr magst. Sei offen, bleibe flexibel. Du kannst dir sicher sein, dass das Universum (Gott, die Quelle oder eine andere höhere Wesenseinheit) einen Plan für dich bereit hat – deinen Seelenplan. Deine Seele hat dieses Leben hier auf der Erde schon lange für dich geplant, nicht im Detail, aber die Eckpunkte waren klar. Wie zum Beispiel deine Eltern, die Verhältnisse, in denen du aufgewachsen bist, für dich wichtige Menschen, die du auf deinem Lebensweg antreffen wirst, deine Fähigkeiten und Talente, die du in dein jetziges Leben mitgebracht hast. Da du jedoch bei der Geburt durch den sogenannten «Tunnel des Vergessens» gegangen bist, weisst du womöglich nicht mehr, wie dein eigentlicher Plan aussah, geschweige denn, wie du dahin kommst, ihn zu verwirklichen.

Das muss dich jedoch nicht besorgt stimmen, höchstens ein wenig nachdenklich. Wichtig ist, dass du dich auf den Weg machst und dir ein Ziel vornimmst, das dir heute gut und erstrebenswert erscheint. Dann verfolge dieses Ziel mit all deiner Energie und Konsequenz, die du dafür aufbringen kannst. Es wird Durchhaltewillen brauchen, dir wird nicht alles einfach so in den Schoss fallen, denn du wirst immer wieder in deine alten Muster zurückfallen.

Eine Frau, die mich über mehrere Jahre auf meinem Weg unterstützte, sagte mir einmal, dass ich stets zwei Schritte vorwärts und einen zurück machte. Ja, gut möglich, weil ich immer wieder in alte Muster zurückfiel, mich ablenken liess oder sonst wie vom Weg abkam. Das war und ist nicht weiter schlimm, denn ich kam trotzdem voran. Womöglich nicht so rasch, wie ich es mir gewünscht hatte und immer noch wünsche, aber die Richtung stimmte. Und die Zeit ist sowieso relativ. Ich war schon so viele Male auf der Erde inkarniert – so wie du auch – dass es genau genommen keine Rolle spielt, ob du zum Beispiel noch ein 76. oder ein 77. Leben hier auf der Erde lebst, um dieses eine Muster aufzulösen oder nicht mehr auf ein anderes Muster hereinzufallen.

Deine alten Muster

Auf deinem Weg zu einem neuen Bewusstsein ist es wichtig, dass du dir dein Ziel immer wieder vor Augen hältst. Sobald du dich entschieden hast, deinen Weg zu gehen, gilt es, dich zu fokussieren. Wenn du auf die Autobahn einbiegst – um bei unserem Beispiel zu bleiben – ist dir alles vertraut. Die Strasse ist breit, die Wege sind gut ausgeschildert. Du weisst genau, wohin dich dein Weg führt (sagen wir, nach Berlin). Jetzt hast du dich jedoch dank der Übungen, mit denen du deine Intuition erweckt und dein Bewusstsein erweitert hast, entschieden, einen anderen Ort anzufahren, wo du dich besser fühlen wirst, wie du instinktiv spürst – nach Kiel. Dort findest du dein neues Hobby, das du erlernen willst, deinen neuen Job, den du anstrebst, dein neuer Partner/deine neue Partnerin, den/die du dir wünschst.

Es bringt dir also nichts, weiter auf der bekannten Autobahn nach Berlin zu fahren, obwohl es da sehr bequem ist, denn sie führt dich nicht an dein neues Ziel: Kiel. Was tun? Du verlässt die Autobahn bei der nächsten Ausfahrt, schaust dich um und realisierst auf der Hauptstrasse zum ersten Mal, dass dein neues Ziel dort gar nicht ausgeschildert ist. Nur Orte, die du auf dem Weg dorthin passieren musst. Auf der Landstrasse kommst du nun auch nicht so einfach voran wie auf der Autobahn: Du musst langsamer fahren, es gibt Hindernisse, Geschwindigkeitsbegrenzungen, viele Kurven – dafür siehst du jedoch mehr von der Landschaft. Du musst dich stärker konzentrieren, da du diesen Weg noch nie genommen hast. Das kann anstrengend sein. Wenn es ganz schlecht läuft, bist du sogar auch mal gezwungen, einen Feldweg zu nehmen, der steil und steinig einen Berg hinauf führt. Vermutlich sehnst du dich an diesem Punkt nach der bequemen Autobahn und der einfachen Strecke nach Berlin. Alles bekannt, alles bequem. Dort gäbe es auch Autobahnraststätten, an denen du dich verpflegen könntest. Hier auf dem entlegenen Feldweg gibt es nichts, womit du deinen knurrenden Magen zufriedenstellen könntest. Tapfer fährst du trotzdem weiter, denn du hast dir vorgenommen, an dein neues Ziel zu gelangen, koste es, was es wolle. Kein Weg ist dir zu weit, dich selbst zu finden. Dein altes Ziel gehört deiner Vergangenheit an. Und plötzlich, oben auf dem Berg angekommen, müde, ausgelaugt und ohne Erwartungen, triffst du dann auf einen anderen Menschen, der auf der Suche nach demselben Ziel ist wie du, er teilt sein Sandwich mit dir und ihr beschliesst, ab jetzt gemeinsam zu fahren, damit ihr euch gegenseitig unterstützen könnt.

Was hat das nun mit deiner Reise zu dir selbst zu tun? Eine Menge. Die Autobahn nach Berlin steht für deine alten Muster. Wenn du deinem neuen Bewusstsein gerecht werden und dem Ruf deiner Seele folgen willst, wirst du gezwungen sein, deine alten Muster loszulassen. Die Versuchung ist gross, alles beim Alten zu belassen, denn die Autobahn ist bequem und schnell. Doch sie wird dich nicht dorthin führen, wohin du willst.

Möchtest du etwas Einschneidendes in deinem Leben verändern, dann musst du auch dazu bereit sein, Opfer zu bringen. Es sind schöne Opfer, du musst dabei nicht leiden, sondern lediglich deine Gedanken auf dein neues Ziel fokussieren und dann aufbrechen. Hast du dir zum Beispiel vorgenommen abzunehmen, dann symbolisiert die Autobahn deinen täglichen Gang zum Bäcker, wo du dir etwas Süsses kaufst. Die Herausforderung für dich besteht nun darin, den Feldweg zu nehmen, die Bäckerei zu ignorieren und dein Müesli zu essen, das du dir selbst aus gesunden Zutaten zubereitet hast.

Ein weiteres Beispiel: Wenn du dir eine neue, erfüllende Partnerschaft wünschst, dann bedeutet für dich die Autobahn, dass du dich auf den erstbesten Mann (oder die erstbeste Frau) einlässt, um erneut in einer Partnerschaft zu landen, die höchstwahrscheinlich dem Muster zuvor gescheiterter Partnerschaften entspricht, in der z. B. der Mann von dir abhängig ist, dich erdrückt und dir deine Energie raubt. Der Feldweg jedoch, den du jetzt einschlagen willst, kann bedeuten, dass du im ersten Schritt (wieder) lernst, alleine zurechtzukommen, dich selbst als erfüllend zu betrachten, dich in Selbstliebe zu üben und dich erst dann, wenn du dich als ganze Person wahrnimmst, nach einem Partner umzuschauen. Nun bist du in der Lage, nicht den erstbesten zu nehmen, der dich aus dem Alleinsein befreit, sondern dich für jemanden zu öffnen, der dir entspricht. Du erlaubst dir, ihn allmählich näher kennen zu lernen, um herauszufinden, ob er die Qualitäten mitbringt, die du dir wünschst.

Kapitel 11 – Mut

Gratuliere dir heute selbst und klopfe dir auf die Schulter, denn du bist weiterhin auf dem Weg zu deinem neuen Bewusstsein. Du hast dir – hoffentlich – die eine oder andere Übung aus den vorangehenden Kapiteln herausgeschrieben und wendest sie nun in deinem täglichen Leben an, sodass sie Teil deines Alltags werden. Du übst sie mittlerweile schon unbewusst aus oder sie gehört bereits zu dir wie das Zähneputzen am Abend oder die Dusche am Morgen.

Gut so, denn diese Übungen werden dich verändern, zuerst nur subtil, sodass du es gar nicht bemerken wirst. Doch mit der Zeit wird dir auffallen, dass du deine Gedanken besser wahrnimmst und dir deine Gefühle stärker bewusst werden. Vielleicht erahnst du bereit, was du in deinem Leben ändern musst. Damit meine ich nicht die kleinen Dinge, wie zu meditieren, ein wenig Sport zu treiben, gesünder zu essen oder weniger fernzusehen. Nein, hier geht es um die richtig grossen Themen in deinem Leben, die sich jetzt in dir manifestieren und Gehör finden wollen. Die Themen, die dich daran gehindert haben, deinen Lebensweg zu beschreiten, den du dir als Seele vor deiner Geburt zurechtgelegt hattest. Nichts macht deine Seele glücklicher, als wenn du diesen Weg beschreitest und deinen dir eigens gegebenen Auftrag hier auf der Erde erfüllst.

Wenn du an den wirklich grossen Themen deines Lebens etwas ändern willst, dann wird es etwas schwieriger. Zum Beispiel: deine langjährige Karriere abzuhaken und etwas völlig Neues zu wagen, etwa ein eigenes Unternehmen aufzubauen. Oder dein Hobby zu deinem Beruf zu machen. Nach Jahren endlich deinen ungeliebten Job zu kündigen. Nach langer Zeit des Stadtlebens aufs Land zu ziehen. Dich von deinem Partner/deiner Partnerin zu trennen, weil die Beziehung schon lange nicht mehr funktioniert und für dich nicht mehr stimmig ist. Deiner Mutter, deinem Vater oder einer engen Freundin zu gestehen, dass du ihre Nähe und Fürsorge nicht mehr wünschst und gerne mehr Abstand hättest. Diese Liste ist nur eine kleine Auswahl der grösseren Themen, die dich erwarten können. Du weisst am besten, welches Thema du als Erstes anpacken musst, wenn du auf deinem Weg ins neue Bewusstsein einen grösseren Schritt vorankommen willst.

Dir fehlt der Mut?

Mut ist wichtig. Mut ist notwendig, sonst kommst du nicht weiter. Ein schöner Spruch sagt: Du entdeckst keine neuen Erdteile, wenn du nicht den Mut hast, die Küste zu verlassen. Ja, so ist es und da ist sie wieder: deine Komfortzone. Mit Händen und Füssen klammerst du dich an ihr fest. Ein paar Übungen in deinen Alltag einbauen, das war das eine. Aber nun eine grössere Veränderung in deinem Leben anstreben? Will ich das wirklich?, fragst du dich womöglich. Genügen die Übungen nicht?

Nein, das tun sie nicht. Sie stupsen dich zwar sachte in die für dich richtige Richtung und erhöhen dein Bewusstsein, jedoch sind sie nur der Anfang. Wenn du hier stehen bleibst, dann erschaffst du dir eine neue Komfortzone, die lediglich etwas grösser ist als deine vorherige. Doch das ist nicht, wo du hinwillst. Nicht jetzt, wo du dein Ziel schon von weitem erblicken kannst. Du realisierst: Zwischen dir und deinem Ziel erhebt sich ein riesiger Berg (Hindernisse, deine Ängste). Verunsichert hältst du an und blickst auf deinen Wagen, der dich dorthin bringen soll: Das wird er nie schaffen. Kein Allradantrieb, kein Reserverad, zu wenig Benzin im Tank. Was nun? Ganz einfach: Du besorgst dir die fehlenden Teile, füllst deinen Tank und dann brichst du auf, um dein Ziel zu erreichen.

Kleine Schritte

Natürlich kann die Instandstellung deines Autos viel Zeit und Einsatz von deiner Seite in Anspruch nehmen. Vor einer grösseren «Reparatur» deines Fahrzeuges bzw. deines Lebens brauchst du dich jedoch nicht zu fürchten. Lass dich nicht abschrecken. Es ist nicht nötig, dass du alles an einem Tag erledigst, damit dein Leben fliesst bzw. dein Auto so fahrtüchtig ist, dass es einen steilen Berg mühelos überwinden kann. Wenn du unten vor dem Berg angekommen bist, nimmst du als erstes einmal Bestand auf. Du weisst, dass du an dein Ziel gelangen willst, das hinter dem Berg liegt. Du erkennst, welche Eigenschaften du dazu benötigst, körperlich, geistig, intellektuell und seelisch. Und du kannst auch entdecken, wo du noch Lücken hast und was dir fehlt. All das darfst du erkennen, ohne dich dafür zu verurteilen, dass du noch so viele Defizite aufweist. Nimm deinen Zustand einfach so an, wie er in diesem Moment ist. Nicht mehr und nicht weniger. Gratuliere dir vielmehr, dass du dich auf den Weg gemacht hast und bereits bis hierhin gelangt bist. Beglückwünsche dich, dass du erkennst, was zu tun ist. Und dann unterteile dein Vorhaben in kleine, machbare Schritte.

Wie bei den Übungen eingangs des Buches geht es darum, dass du deinen Alltag umgestaltest. Wenn du zum Beispiel zehn Kilogramm abnehmen willst und dir einen sportlicheren Körper wünschst, dann reicht es nicht aus, dass du eine Abnehmkur machst, dich mit irgendwelchen unnatürlichen, chemischen Shakes durchhungerst und dich jeden Tag ins Fitnesscenter quälst. Das macht erstens keinen Spass und ist zweitens auch nicht sinnvoll.

Willst du langfristig und nachhaltig ein gutes Wohlfühlgefühl in deinem Körper erlangen, nimmst du besser einmal deine Essgewohnheiten genau unter die Lupe, gewöhnst dir einen gesünderen Lebenswandel an mit genügend Schlaf, gesundem, selbst zubereitetem Essen und einer sportlichen Aktivität, die dir Freude bereitet, wie zum Beispiel Walking im Wald, Tanzen oder lange Spaziergänge. Was auch immer du tun willst, tue es. Überlegt und mit Freude. So, dass du es täglich tun kannst. Es sind schlussendlich die kleinen Schritte, die zählen, nicht der eine grosse, der dich auf den Gipfel des Berges bringt.

Wenn du dich jeden Tag beispielsweise bewusst dafür entscheidest, zu Wasser statt zu einem gesüssten Getränk oder einem Energydrink zu greifen, dann ist das zwar ein kleiner Schritt, aber ein sehr bedeutender. Du machst deinen Körper – dein Auto, um bei unserem Beispiel zu bleiben – fit für dein neues Leben. Indem du das tust, wird aus dem Feldweg, der vor dir liegt, eine Landstrasse. Warum? Weil du immer und immer wieder diesen neuen Weg gehst, den gesunden, der dich an dein Ziel bringt, das hinter dem Berg liegt. Nach wenigen Wochen oder Monaten sind deine alten Angewohnheiten vergessen. Jetzt fühlst du dich gut auf deinem neuen Weg und der grosse Berg erscheint dir jeden Tag kleiner und überwindbarer.

Dein Schatten

Natürlich kommt auch immer wieder dein Schatten hervor. Das heisst, wenn du auf dem Feldweg anhältst, weil du dir eine Pause gönnst, fällt dir möglicherweise dein Schatten auf, den die Sonne vor dich wirft. Er ist gross und mächtig, viel grösser als du, ja, an manchen Tagen erscheint er dir sogar übermächtig. Dann denkst du, dass es keine gute Idee war, einen neuen Weg zu beschreiten. In der Zeit, die du bisher aufgewendet hast, wärst du schon längst in Berlin. Dort kennst du alles: die Strassen, die Cafés, die Restaurants, die Kleiderläden, die Menschen. Dort fühlst du dich zu Hause, flüstert dein Schatten verführerisch.

Aber ist dem wirklich so? Dort ist deine Komfortzone. Ja, alles ist vertraut und bekannt, aber sonst? Du hast dich vielleicht die letzten fünf, zehn, zwanzig oder noch mehr Jahre darin aufgehalten. Ist es nicht langsam an der Zeit, etwas Neues kennenzulernen? Neue Menschen, neue Strassen, neue Möglichkeiten. Wenn du dir gegenüber ehrlich bist, dann funktionierst du in deiner jetzigen Komfortzone – Berlin – nur noch. Alles verläuft in gewohnten Bahnen. Dein Alltag ist dir wohlbekannt, ohne Überraschungen. Und wie du in den vorangegangenen Kapiteln erkannt hast, bietet er dir auch keinen Raum, dein wahres Potenzial auszuleben.

Doch dein Schatten flüstert dir zu, dass du auf dem falschen Weg bist. Dass Kiel viel zu gefährlich für dich ist, dass du dort scheitern und von den anderen ausgelacht und abschätzig behandelt werden wirst. Dass du dich dort elend blamierst und in dein Unglück läufst. Langsam beginnen erste Zweifel in dir aufzusteigen, während dein Schatten – dein Ego – weiter auf dich einredet und alle möglichen Szenarien vor deinem inneren Auge erstehen lässt, wie dein Abenteuer negativ für dich ausgehen könnte. Du wirst scheitern, trichtert dir dein Ego ein. Du musst umkehren, bevor es zu spät ist. Es ist, als würdest du eine Abmagerungskur machen und nach drei Wochen, in denen du bereits mehrere Kilo abgenommen hast, vor einer Bäckerei stehen und ein grosses Stück Kuchen betrachten, das dich anlacht, aber eine Unmenge von Kalorien enthält. Du weisst, wie es schmeckt und welches Glücksgefühl es in dir auslöst.

Geh hinein und gönne dir dieses Stück, du hast es dir verdient, wird dein Ego dir zuflüstern.

Aber deine innere Stimme weiss es besser. Auch sie gibt dir einen Rat, jedoch ist er eher wie gehaucht, ganz leise spricht sie zu dir und rät dir, zu widerstehen und zu Hause einen gesunden Apfel zu essen.

Was nun? Unser Ego – unser Schatten – will nicht unser Bestes. Es will uns von etwas Neuem zurückhalten. Warum? Weil unser Ego in unserem Innern nicht sterben will. Das Ego hat Angst davor, dass du möglicherweise erstmals in deinem Leben wirklich glücklich bist, wenn du deinen neuen Weg einschlägst. Dass du dich mehr und mehr auf deine innere Stimme fokussieren und ihr folgen wirst, weil du begriffen hast, dass dort deine wahre Quelle liegt und nicht in deinem Ego. Also versucht dein Schatten dir einzureden, dass du auf dem falschen Weg bist. Dass es sicherer ist, umzukehren und zu dem dir Altbekannten zurückzukehren. Doch du weisst, dass es dich bisher nicht richtig glücklich gemacht hat – oder es heute nicht mehr tut. Bleibe auf deinem Feldweg, auch wenn es dich Überwindung kostet. Du wirst sehen, es lohnt sich. Das Einzige, was du jetzt tun musst, ist mutig über deinen Schatten zu springen und den Weg, den du beschritten hast, weiterzugehen. Denke daran: Du kannst nur gewinnen.

Ich mache mir selbst Mut

Was oder wer macht mir Mut? Die Antwort darauf lautet: ich, nur ich allein. Natürlich kann es auch sein, dass dich deine Familie, dein Partner/deine Partnerin oder deine Freunde unterstützen und dazu ermuntern, eine Veränderung in deinem Leben vorzunehmen. Schlussendlich bist du jedoch ganz auf dich allein gestellt, wenn es darum geht, einen ersten Schritt (und alle nachfolgenden) zu unternehmen. Nur du allein hast die Macht, über deinen Schatten zu springen und loszulaufen. Also ist es klar, dass der Mut, den du brauchst, von dir selbst stammen muss. Doch wie, wenn du zögerst, wenn andere dich in deinem Vorhaben bremsen wollen, wenn die Konsequenzen, die deine Veränderung mit sich bringen, in dir Angst hervorrufen, oder das Risiko, das einzugehen du im Begriff bist, dir zu überwältigend erscheint?

Frage dein Herz

In dieser Situation ist es angebracht, eine Meditation anzuwenden. Du wirst mit mir gemeinsam in dein Herz gehen. Denn das Herz weiss alles, kennt dich wie niemand sonst und kann dir helfen, deinen Mut zu finden und dir den Weg zu zeigen.

Stelle dir als Erstes all die Gedanken vor, die dich daran hindern, etwas Neues zu wagen. Ja, du liest richtig: Du darfst ausnahmsweise einmal alle negativen Gedanken und Sorgen hochkommen lassen. Motiviere sie, zu dir zu kommen, lass zu, dass sie in deinem Kopf umherwirbeln. Nach ein, zwei Minuten sagst du innerlich «Stopp!». Dann visualisierst du, wie deine Gedanken aus deinem Kopf austreten und als Kugel vor dir stehen bzw. in der Luft schweben. Konzentriere dich nun auf deine Herzgegend. Wenn du magst, kannst du deine linke Hand auf deine Brust legen, um die Verbindung zu deinem Herzen noch besser zu spüren. Dann fühle in dein Herz hinein, fühle, wie es schlägt, wie deine Liebe zu dir dort beheimatet ist. Wie sich diese Liebe ausdehnt und ausweitet. Dort bist du sicher, dort bist du daheim. Nun bittest du deine Gedankenkugel in dein Herz. Dort wird sie von deiner eigenen Liebe umhüllt und aufgelöst. Jetzt frage dein Herz: Wie weiter? Was gibt mir Mut? Was hilft mir, den ersten Schritt zu unternehmen, damit ich mich auf den Weg in ein neues, besseres Leben aufmache? Dann lausche.

Möglicherweise nimmst du eine Stimme in dir wahr oder ein Bild, eine Idee taucht in dir auf oder du hörst Musik – vielleicht auch nichts von all dem. Alles ist richtig, nichts ist falsch. Es kann auch sein, dass du erst später einen guten Einfall hast. Wichtig zu wissen ist, dass du diesen Samen in deinem Unterbewusstsein eingepflanzt hast und er dort wachsen und reifen wird. Wenn du bereit bist, wird er in dein Bewusstsein gelangen und dir zuflüstern, was als nächstes zu tun ist. Dann wirst du stark genug und bereit dazu sein, genau diesen einen kleinen Schritt zu unternehmen. Denke daran, es braucht viele kleine, vielleicht auch winzige Schritte, bis du dein neues Ziel erreichst. Jeder dieser Schritte ist wichtig, auch wenn du vielleicht denkst, ich schreibe ja nur eine E-Mail, tätige nur einen Telefonanruf oder meditiere nur ein bisschen. Jedoch genau diese kleinen Dinge können und werden dein Leben nachhaltig verändern. Nicht von heute auf morgen, aber allmählich. Dein Bewusstsein wird sich ändern und du wirst neue Dinge in dein Leben ziehen, neue Menschen, neue Hobbys, die dir besser entsprechen und dich auf deinem weiteren Weg unterstützen, weil du sie aus deinem Innern heraus angezogen hast. Durch Meditation und durch kleine Handlungen, die Teil deines Alltags werden, änderst du deine Energieschwingung. Jetzt ziehst du das an, was dir und deinem Streben nach einem neuen Leben entspricht. Das einzige, was du nun tun musst, ist dir zu vertrauen.

Kapitel 12 – Dein Urvertrauen

Nun, da du den Mut aufgebracht hast, dein neues Leben in Angriff zu nehmen und über den Feldweg nach Kiel zu fahren, gilt es, dein Urvertrauen wieder zu erwecken.

Dein Urvertrauen hat schon immer in dir geschlummert. Du hast es mit deiner Geburt mit auf die Erde gebracht. Vielleicht hast du es in deiner Kindheit bereits angewendet, vielleicht auch nicht. Auf jeden Fall ist es mit dem Urvertrauen wie mit einem Muskel: Wenn du ihn nicht benutzt, wird er schwächer, sodass du nicht mehr auf ihn zählen und du sein Potenzial nicht mehr ausschöpfen kannst. So verhält es sich auch mit deinem Urvertrauen. Es wiederzuerwecken bedeutet, dass du diese für dich neue Quelle ab nun täglich anzapfst. Es ist, als würdest du dich für einen Marathon anmelden. Du wartest nicht einfach auf den Tag, an dem der Marathon stattfindet und läufst dort einfach mit. Nein, du weisst es besser, denn untrainiert würdest du diese 42 Kilometer niemals schaffen. Dafür braucht man Training. Tägliches Training. Zuerst würdest du mit wenigen Kilometern beginnen, eine gute halbe Stunde laufen. Dann würdest du deine Runde sowie dein Tempo kontinuierlich steigern, bis du 42 Kilometer schaffst. Möglicherweise ziehst du dir bei diesem Training auch einmal eine Verletzung hinzu, die dich zwingt, dein Training für eine Weile auszusetzen oder zu reduzieren. Doch dann machst du weiter, denn du willst den Marathon unbedingt laufen und mit erhobenem Haupt ans Ziel gelangen.

Ebenso verhält es sich mit deinem Urvertrauen. Gemeinsam werden wir mit einer kleinen Meditation beginnen, die du dann immer wieder anwenden kannst. Diese Meditation wird dich leiten und dich deinen Wünschen näher bringen. Du kannst sie täglich anwenden, am besten jeden Morgen und jeden Abend. Betrachte die Meditation als eine Art Ritual, so wie Zähneputzen oder die morgendliche Dusche. Du verbindest dich an dieser Stelle mit deiner Seele. Dann gilt es für dich, die Informationen, die du im Laufe des Tages von deiner Seele erhältst, wahrzunehmen, ihnen zu vertrauen und sie in die Tat umzusetzen.

Die 33-Sekunden-Meditation

Ziehe dich an einen ruhigen Ort zurück, an dem du nicht gestört wirst. Stell dein Smartphone auf Flugmodus und den Timer auf 33 Sekunden. Wenn möglich, schliesse deine Augen (sobald du dir die Meditation verinnerlicht hast), atme tief ein und aus. Dann stell dir dein neues Leben vor, wie es sich bereits erfüllt hat. Du bist am Ziel deines Traumes angekommen! Wie fühlt es sich an, dein Ziel erreicht zu haben? Spüre die Freude, dann die Dankbarkeit, dass sich dein Wunsch erfüllt hat. Dann sage dir innerlich: Ich habe es verdient, dass ich sich dieser Wunsch für mich erfüllt hat. Spüre das Gefühl von Selbstwert. Spüre das Vertrauen in dir; du vertraust, dass dein zukünftiges Leben eintreffen wird und das Universum (Gott, die Quelle, oder eine andere höhere Wesenseinheit) auch in Zukunft deine Wünsche erfüllen wird.

Das Ganze dauert nur 33 Sekunden. Am Anfang werden dir diese 33 Sekunden womöglich lang vorkommen, oder zu kurz, um alle vier Gefühle Dankbarkeit, Freude Selbstwert und Vertrauen spüren zu können. Manchmal, wenn du müde oder durch deinen Alltag abgelenkt bist, können deine Gedanken abschweifen oder du kannst nur eines dieser vier Gefühle spüren, wenn dein Timer bereits klingelt. Das ist in Ordnung. Nicht jeder Tag ist gleich, nicht immer ist deine Energie hoch und du bist im Fluss. Ich empfehle dir jedoch, diese Meditation jeweils morgens und abends durchzuführen, jeden Tag. So wirst du dich energetisch weiter auf deinen Traum einstimmen und deinem Ziel näher kommen, wenn auch vorerst nur in Gedanken.

Doch das ist bereits ein grosser Schritt. Du machst dich bereit dafür, dass sich dein Wunsch erfüllt. Du beginnst in deinem Innern und erhöhst deine energetische Schwingung, die Schwingung deines Körpers. Dann kann dieser – meist, ohne dass es dir bewusst ist – deinen Wunsch ins Universum hinausschicken. Du strahlst also diesen Wunsch buchstäblich aus. So wirst du mit der Zeit auch die Menschen in dein Leben ziehen, die dir bei der Erfüllung deines Traumes behilflich sein können. Sei nicht traurig, wenn du, statt einen neuen Jobs zu finden, plötzlich beim Anblick einer Werbung für eine Weiterbildung realisierst, dass diese für dich der nächste Schritt in deinem Leben ist. Dann mach sie! Das ist dein Weg zu einer neuen, besseren Anstellung. Oder du fühlst, dass du gerne mehr Bewegung in deinem Leben bzw. deinem Körper hättest. Geh diesem Gefühl nach und schreibe dich in einem Yogakurs ein, in einem Fitnesscenter oder in einem Turnverein, Ruderclub, Radverein – was auch immer dein Herz begehrt. Dann ist das vielleicht auch dein nächster Schritt zu dem Partner, den du dir schon lange wünschst. Du machst dich und deinen Körper fit, sodass du dich zuerst selbst schön findest. Das ist der Grundstein. Oder du spürst den Impuls, deine Wohnung aufzuräumen, alle Schränke durchzugehen und alle alten Sachen, die du nicht länger brauchst, auszusortieren. Das kann der erste Schritt zu deiner neuen Wohnung sein, nach der du dich schon länger sehnst. Innerlich und äusserlich machst du dich so bereit für einen Umzug.

Aus deinem Herzen heraus

Sich selbst zu vertrauen, sprich seinem Urvertrauen, klingt einfach, ist es aber nicht. Du hast vielleicht Angst davor, deine innere Stimme zu hören und zu vernehmen, was sie dir zu sagen hat. Weiter besteht die Möglichkeit, dass du zwar ziemlich sicher bist, dass du deine innere Stimme hörst, jedoch das, was sie dir sagt, in keinem Zusammenhang mit dem steht, was du dir wünschst und ersehnst.

Hier geht es darum, dass du deinen logischen Verstand ausschaltest und deinem Herzen folgst. Das ist der springende Punkt auf dem Weg zu deinem neuen Bewusstsein. Denn dein logisch denkendes Gehirn hat ausgedient – in dem Sinne, dass es ab heute für deine Entscheidungen nicht mehr zuständig ist. Natürlich brauchst du deinen rationalen Verstand immer noch, um zum Beispiel ein Projekt zu planen, deine Buchhaltung zu führen oder andere administrative Arbeiten zu erledigen und zu koordinieren. Doch der wichtigste Impuls für dein Handeln kommt nun aus deinem Herzen. Dort entscheidest du ab jetzt, mit welchen Personen du dich abgeben willst, welche Menschen noch zu dir passen und welche in deinem Freundeskreis ausgedient haben. Der Impuls entspringt deinem Herzen, ob du dich ab heute gesund ernähren willst, dir viel Bewegung im Freien gönnst und Verhalten, das deinen Körper schädigt, limitierst oder gar ganz darauf verzichtest.

Du lebst von nun an aus deinem Herzen heraus. Du entscheidest dich, einem Fremden ein Lächeln zu schenken oder jemandem zu verzeihen, der dich verletzt hat. Aus deinem Herzen heraus lenkst und führst du nun dein Leben ins neue Bewusstsein. Auch dein Körper unterstützt dich dabei, denn er zeigt dir stets zuverlässig, was oder wer nicht gut ist für dich, welche Nahrung du benötigst, wann es an der Zeit ist, dich nach draussen zu begeben, dich zu bewegen und frische Luft zu tanken. Dein Körper meldet es dir stets, wenn seine Belastung zu gross ist und du eine Pause einschalten musst.

Jetzt verfügst du über Übungen, um diese Signale bewusst zu hören. Du musst sie nur noch ausführen. Das heisst, zuerst schickt dein Körper diese Signale in dein Herz. Von da aus erhältst du dann die Nachrichten, damit du etwas unternehmen solltest. Warum fliessen diese Signale nicht in dein Gehirn? Weil sie dort womöglich sofort verneint und als unwichtig abgetan werden, solange du noch im Modus «schneller, grösser, besser» bleibst. Jedoch hat dieser Denkansatz im neuen Bewusstsein keinen Platz mehr, denn dort geht es darum, dass du einen ganzheitlichen Ansatz wählst und Körper, Geist und Seele in Einklang bringst. Das Herz ist dazu da, diese drei Aspekte aufeinander abzustimmen. Keiner darf zu kurz kommen, keiner die Überhand gewinnen. Daher trainieren wir gemeinsam weiter. Die Übungen, die du in dein neues Leben integrierst, werden dich dabei unterstützen, vermehrt auf dein Herz und nicht auf deinen Verstand zu hören. So schreibst du dieses E-Mail, nimmst jene Recherche vor, erkundigst dich über diese Weiterbildung oder schaltest im Internet eine Suchanzeige für eine neue Wohnung oder einen neuen Job. Was auch immer dein Herz dir zuflüstert. Tue es.

Vertrauen ins Universum

Wenn du deiner inneren Stimme, deiner Intuition, vertrauen willst, dann musst du auch darauf vertrauen, dass das Universum (Gott, die Quelle oder eine andere höhere Wesenseinheit) weiss, was für dich richtig ist. Schau nur einen Moment in die Natur. Sie ist so genial, jedes noch so kleine Insekt und jede noch so kleine Pflanze hat ihren Platz und ihre Aufgabe. Alles ergibt in der Natur einen Sinn und fügt sich ineinander. Alles ist voneinander abhängig und miteinander verbunden. Dieses raffinierte Konstrukt wurde vom Universum geschaffen, das auch ganz genau weiss, wo dein Platz ist und wie deine Aufgabe aussieht. Daher kannst und darfst du dem Universum vertrauen. Nichts geschieht ohne Grund.

Es ist auch wichtig, dass du in dieser Phase deines Lebens – wie immer – die Kontrolle über dein Leben aufgibst und es einfach fliessen lässt. Das mag zu einfach klingen, sodass sich in deinem Innern eine Stimme regt, die ruft: Das geht nicht! Ich, mein rationaler Verstand, muss mein Leben leiten, sonst geht alles schief! Das ist jedoch nur dein Ego, das nicht sterben will (siehe Kapitel 9, Dein neues Bewusstsein). Du darfst diese Stimme geflissentlich überhören und dem Universum vertrauen. Halte dir immer die Genialität der Natur vor Augen und wie dort alles ineinandergreift. Genauso funktioniert auch dein Leben. Lass dich vom Universum mit seinem Plan, den es für dich bereithält, überraschen. Allzu oft krallst du dich in deiner Komfortzone an etwas Kleinem fest, damit du es nicht verlierst, während das Universum etwas viel Grösseres und Besseres für dich bereithält. Doch damit du das Neue und Grosse auch erhältst, musst du aus deiner Komfortzone heraustreten und einige Schritte tun, die deinen Mut erfordern.

Wenn ich schreibe, dass es wichtig ist, dass du die Kontrolle über dein Leben aufgibst, heisst das nicht, dass du nun einfach in den Tag hinein leben und deinen Verantwortungen nicht mehr nachkommen sollst. Natürlich gehst du deinen Verpflichtungen nach, bist gut zu deinem Körper, hältst Kontakt zu deiner Familie und deinen Freunden. Doch dann lässt du all das los, was sonst in deinem Leben geschieht. Vielmehr wäre es gut, dir eine Vision zurechtzulegen, wie dein Leben in fünf, in zehn und in zwanzig Jahren aussehen soll. Das ist wichtig, damit du dir dein Ziel – Kiel in unserem Beispiel – stets vor Augen hältst, auch wenn es einmal neblig und schwierig auf der Strasse wird, wenn du dich verfahren hast oder dir das Benzin auszugehen droht. Du brauchst eine Vision, die dich weitermachen lässt, damit du nicht aufgibst. Wie genau du jedoch an dein Ziel kommst, welchen Weg genau du dorthin nimmst, das überlässt du dem Universum, das mit deiner inneren Stimme kommuniziert und dich in die richtige Richtung stupst.

Wahrscheinlich hast du von klein auf gelernt, dass du dein Leben möglichst unter Kontrolle haben solltest. Klar ist es empfehlenswert, wenn du deine Ausgaben im Griff hast, wenn du regelmässig zur Arbeit gehst und deine Aufgaben ordentlich erledigst. Doch hier geht es um mehr.

Wenn du dein Ziel erreichen und dein neues Bewusstsein leben willst, dann musst du loslassen lernen. Deine Träume. Deine Wünsche. Deine Ziele. Warum? Vielleicht hält das Universum etwas viel Besseres für dich bereit. Du erinnerst dich: Das Universum orchestriert unsere Natur und die Erde genial und es weiss auch, was du gerade brauchst – und das ist vielleicht nicht genau das, was du dir zurzeit wünschst. Das Universum jedoch sieht das grosse Ganze; es weiss, was du auf deinem Weg zu deinem Ziel benötigst und was dir noch fehlt. Vielleicht brauchst du auf dem Weg nach Kiel noch einen Schleuderkurs, damit du gewappnet bist, wenn starker Regen einsetzt. Das Universum sieht den Regen voraus und erkennt, dass du mit deinem Auto darin arg ins Schleudern kommen kannst und die Gefahr eines grösseren Unfalls besteht. So lässt es dich diesen Kurs machen – was im übertragenen Sinne zum Beispiel eine Weiterbildung, ein Meditationskurs, ein neues Fitnessabo oder neue Freunde sein könnten –, damit du für deinen weiteren Weg gerüstet bist. Denke immer daran: Das Universum hat das Ganze im Blick, nicht nur deine Welt, die im Vergleich zu all den Planeten und Sternen, die existieren, winzig klein ist.

Wir gehören alle zusammen, sind alle miteinander auf irgendeine (energetische) Art und Weise verbunden. Daher ist es gut möglich, dass du zwar auf dem richtigen Weg und am richtigen Platz bist, jedoch noch auf andere Menschen warten musst und darfst, die du triffst, damit du weitergehen kannst. Verzweifle nicht, wenn du einmal das Gefühl hast, dass es einen Moment lang in deinem Leben nicht vorwärts geht. Vertraue hingegen darauf, dass das Universum alles im Griff hat und du weitergeschubst wirst, wenn die Zeit reif ist. Innezuhalten und zu warten, wenn man nicht weiss, worauf, kann eine sehr grosse Herausforderung sein. Doch du hast keine andere Wahl. Dieser Schritt setzt dein absolutes Vertrauen voraus, dein Urvertrauen. Es wäre auch sinnlos, wenn du das ganze Universum kontrollieren wolltest, denn das müsstest du ja genau genommen tun, wenn du dein eigenes Leben erfolgreich kontrollieren wolltest. Beides ist unmöglich. Investiere also deine Energie in dein Urvertrauen und folge weiter den Brotkrumen, die das Universum vor dir ausstreut.

Kapitel 13 – Fülle

Bevor du losgehst – und auch auf dem Weg zu deinem Ziel – kommen immer wieder Einwände des Egos auf, die dich daran hindern wollen, aus deiner Komfortzone auszubrechen und ein neues Leben zu beginnen (siehe Kapitel 11, Dein Schatten). Eines der Argumente, die ich in diesem Zusammenhang immer wieder höre, ist: Geld. Wie kann ich mich und meine Familie ernähren, wenn ich meinem Traum folge? Wie kann ich meinen jetzigen Lebensstandard erhalten und mich trotzdem auf dem Weg machen? Ich will in meinem Lebensstandard keinen Rückschritt machen.

Dazu kann ich sagen, dass es gut möglich ist, dass du auf deinem Weg ins neue Bewusstsein einiges loslassen wirst. Jedoch sind das Dinge, Gewohnheiten und Menschen, die du in deinem neuen Leben nicht mehr brauchen wirst, um glücklich zu sein. Es geht jetzt darum, als Erstes damit aufzuhören, über Geld bzw. einen Mangel daran zu klagen. Mangel ist eine Illusion, die uns die Werbung vorgaukelt, indem sie uns suggeriert, wie wir aussehen, was wir besitzen und welchen Job wir ausführen sollen, um glücklich zu sein. Niemand auf dieser Erde weiss, was du genau zum Glücklichsein brauchst – ausser dir selbst. Du allein spürst in deinem Innern – je mehr sich dein Bewusstsein erhöht und je regelmässiger du die oben beschriebenen Übungen praktizierst – was du benötigst, was dir fehlt, wohin du gehen möchtest und mit wem.

Wettbewerb

Leider ist es in unserer heutigen Gesellschaft verbreitet, dass wir schon von Kindheit an auf Wettbewerb konditioniert werden. Uns wird suggeriert, dass auf der Erde Mangel herrscht: ein Mangel an Liebe, an Jobs, an potenziellen Partnern/Partnerinnen, an schönen Wohnungen, an treuen Freunden, an Geld und Reichtum. Unsere Eltern wurden mit dieser Konditionierung erzogen, ebenso unsere Grosseltern. Und alle haben sie dieses Glaubenssystem an ihre Kinder – und somit auch an dich – weitergegeben, im besten Wissen und Gewissen, da sie es nicht besser wussten und als Wahrheit annahmen.

Doch man kann die Welt auch anders sehen. Unsere Konditionierung, «schneller, grösser, besser» sein zu müssen als die anderen, basiert auf der Vorstellung von Mangel, der jedoch eine Illusion ist und nur in den Gedanken der Menschen existiert. Du darfst dich also getrost von der Vorstellung lösen, dass auf dieser Erde Mangel herrscht.

Natürlich ist das nicht so einfach, wie es klingt. Denn die Werbung suggeriert dir, wie bereits erwähnt, täglich diesen Mangel, mit Botschaften wie: «Du musst dieses Kleid tragen, sonst bist du nicht konkurrenzfähig» oder «Du musst diesen Lippenstift auftragen, damit dich die Männer schön finden» oder «Du musst erfolgreich sein und diesen Chefposten erreichen, sonst wirst du von deinem Umfeld nicht anerkannt und bist ein Loser». Diese und ähnliche Botschaften werden dir tagtäglich präsentiert – manchmal subtil, manchmal ganz offensichtlich –, damit du dich erstens nicht erfolgreich fühlst und zweitens damit du dann die angepriesenen Produkte kaufst. So lässt du dich vom Aussen führen, statt deiner eigenen, inneren Führung zu folgen, die dich am besten kennt. Du läufst womöglich einem Schönheitsideal hinterher, das du nie erreichen wirst (und auch nicht musst) oder schlägst eine berufliche Karriere ein, die dir eigentlich gar nicht gefällt. Du tust diese Dinge, weil du Angst hast, sonst nicht zu bekommen, wonach du dich in deinem Innersten sehnst: Liebe und Anerkennung von den anderen.

Liebe und Anerkennung

Die Mangelgedanken, die dich dazu verleiten, etwas zu kaufen, das du im Grunde genommen gar nicht brauchst, oder etwas zu tun, das du innerlich gar nicht willst, basieren auf deinem inneren Streben und Sehnen nach Liebe und Anerkennung.

Frage dich ehrlich: Wann hast du dich das letzte Mal nach inniger, echter Liebe gesehnt? Wann hast du dir das letzte Mal gewünscht, dass dich jemand zu deinem Handeln beglückwünscht und deine Arbeit lobt? Wann hast du das letzte Mal von anderen Liebe und Anerkennung erhalten? Heute, gestern, vor einem Monat, vor einem halben Jahr? Womöglich kannst du dich nicht mehr daran erinnern.

Das darf dich jetzt nicht in eine negative Stimmung versetzen, denn alles, was du dir wünschst, trägst du bereits in dir. Genau, du besitzt es schon: Selbstliebe und Selbstwertschätzung. Wenn du dir mehr Liebe wünschst, dann kannst und darfst du zuerst damit beginnen, dich selbst zu lieben. Klingt das schwierig? Spürst du einen inneren Widerstand, wenn du das liest? Dann ist es an der Zeit, dass du beginnst, dich selbst zu lieben. Und wie?

Als Erstes arbeitest du mit deinem erweiterten

Bewusstsein, das mit der Anwendung der vorange-gangenen Übungen mehr und mehr in dir erwacht. Du machst dir deine inneren Dialoge mit dir selbst bewusst. Sind es liebe Worte, die du dir zusprichst? Oder verurteilst du dich selbst für die Dinge, die dir in deinem bisherigen Leben misslungen sind? Wenn du willst, dass dich andere Menschen in deinem Umfeld so lieben, wie du bist, dann musst du dich zuerst so lieben und akzeptieren, wie du in diesem Moment gerade bist. Auch wenn du zum Beispiel geschieden bist, kein Geld besitzt, übergewichtig bist, gerade keinen Job hast oder durch eine Prüfung gefallen bist. Du darfst dich für diese Dinge keinesfalls verurteilen. Sage dir: Ich wusste es damals nicht besser. Heute bin ich reifer und habe dazugelernt. Es war nicht umsonst. Ich kann auf dieser Erfahrung aufbauen und es in Zukunft besser machen.

Selbstvergebung

Wenn du Dinge in deinem Leben entdeckst, die nicht so liefen, wie du es dir vorgestellt hattest, dann ist das in Ordnung. Es ist wichtig, dass du dir diese Gescheh-nisse verzeihst. Möglicherweise haben die anderen um dich herum die Sache schon längst vergessen oder dir verziehen – aber du hältst sie immer noch in deinem Gedächtnis fest und erinnerst dich immer wieder daran, dass du nichts kannst, nicht mehr verdient hast als du jetzt besitzt oder dass du unfähig bist. Diese Negativspirale – meistens vom Ego initiiert – hindert dich daran, etwas in deinem Leben zu verändern und aus deiner Komfortzone, so ungut sie auch sein mag, auszubrechen. Du selbst bist oft dein grösstes Hindernis, um eine Veränderung in deinem Leben einzuleiten.

Daher ist es wichtig, dass du dir selbst vergibst. Am besten hältst du dazu ein Vergebungsritual ab. Schreibe all das, weswegen du dich selbst immer wieder verurteilst, auf ein Blatt Papier. Dann sage laut: «Ich vergebe mir und lass los.» Danach verbrennst du das Blatt im Freien (oder in deinem Kamin) oder zerreisst es in kleine Stücke und spülst das Papier die Toilette hinunter.

Wasser und Feuer – beides sind wirksame Elemente der Reinigung. Wahrscheinlich reicht eine einmalige Ausführung dieses Rituals nicht; wiederhole es immer wieder bei Bedarf, jedes Mal, wenn dir etwas bewusst wird, das du dir selbst verzeihen darfst. Du wirst so das Hindernis, das du dir selbst in den Weg gelegt hast, Schritt für Schritt abtragen. Ist das nicht wunderbar? Denke immer daran, dass niemand auf dieser Welt perfekt ist – und auch nicht perfekt sein muss. Perfektion ist ein Ideal, das uns von der Werbung und der Gesellschaft suggeriert wird. Perfektion ist nicht erstrebenswert. Wenn du verinnerlicht hast, dass du nicht perfekt sein musst, damit du dich liebst, entfällt auch der Wettbewerbsdruck, der auf dir lastet. Oder anders ausgedrückt: Es kann dir egal sein, ob dich andere lieben oder nicht, denn du kannst diese Liebe zu dir in dir selbst erwecken. So wirst du unabhängig vom Aussen und brauchst dich nicht mehr zu verbiegen, sondern kannst einfach so sein, wie du bist, und das tun, was du liebst. Das ist dein anzustrebender innerlicher Zustand, der dich langfristig und tief in deinem Innern glücklich machen wird.

Selbstliebe

Wie auch die Selbstvergebung ist dir die Selbstliebe möglicherweise nicht sehr geläufig. In unserer Gesellschaft wird das Wort Selbstliebe oft mit Egoismus gleichgestellt. Aber davon ist sie weit entfernt. Es geht hier nicht darum, dass du andere nicht beachtest, benachteiligst oder ausnutzt. Selbstliebe heisst, dass du dich als wichtigsten Menschen in deinem Leben siehst und das auch so lebst. Denke daran, nur wenn es dir gut geht und dein Glas voll ist – du viel Energie hast –, dann kannst du den anderen in deinem Umfeld helfen und sie dabei unterstützen, die Herausforderungen des Lebens zu meistern. Zuallererst muss dein Glas voll sein, deine Energie muss dir Kraft schenken. Was geschieht, wenn du immer zuerst an die anderen denkst, nur gibst und es für dich Priorität hat, dass es anderen gut geht, bevor du dich um deine eigenen Bedürfnisse kümmerst? Über kurz oder lang wirst du ausgebrannt sein.

Vielleicht kennst du dieses Gefühl auch bereits und du weisst, dass es nicht schön ist. Du fühlst dich ausgenutzt, traurig, ausgelaugt und allein, unglücklich und von allen unverstanden. So weit muss und darf es nicht kommen. Nimm dir regelmässig Zeit für dich. Tue in dieser Zeit etwas, das dein Herz höher schlagen und deine Seele jubeln lässt. So kannst du Energie auftanken. Ob es ein langer Spaziergang in der Natur ist, eine Stunde mit einem guten Buch, deine Lieblingsmusik, ein feiner Tee, den du dir gönnst und dazu ein inspirierendes Hörbuch oder dein Lieblingshobby ist. Was auch immer. Tue es, und zwar täglich. Das ist wichtig. Eine Stunde für dich und deine Seele ist das mindeste, das du dir jeden Tag schenken darfst.

Wenn du nun protestierst und sagst: «Das geht unmöglich! Dafür habe ich keine Zeit! Ich bin rundum verplant!», dann frage dich: Gibt es Dinge, die du aus deinem Leben streichen kannst, weil sie dir nicht gut-tun und du sie nur anderen zuliebe tust? Besteht die Möglichkeit, dass du am Morgen etwas früher auf-stehst und diese Stunde dir selbst widmest? Es gibt immer eine Lösung; Möglichkeiten gibt es zuhauf. Du benötigst nur den Willen, in deinem Leben wirklich etwas zu ändern. Das ist alles.

Denke daran: Wenn du dir diese Zeit schenkst, ist das eine Wertschätzung deiner selbst. Du zeigst dir: Ich liebe mich, ich bin mir wichtig, mein eigenes Wohlergehen liegt mir am Herzen. Damit gibst du dir den (Selbst)Wert und die (Selbst)Liebe, die du dir von anderen wünschst. Da diese Werte nun bereits in deinem Inneren entstehen und du dir sie selbst geben kannst, nimmt dein Streben und Sehnen, sie von anderen zu erhalten, immer weiter ab. Du befreist dich von dem selbsterzeugten Druck, allen stets gefallen und dich den Normen der Gesellschaft beugen zu müssen, die möglicherweise veraltet und heute nicht mehr angebracht sind.

Diese Selbstliebe-Übung ist sehr wichtig und du darfst sie dir jeden Tag gönnen – ganz ohne schlechtes Gewissen.

Freude am Leben

Ebenso wichtig wie die Selbstliebe ist die Freude am Leben. Frage dich ehrlich: Wann hattest du das letzte Mal richtig Spass? Wann hast du dir Spass gegönnt? Wann hast du dir Spass verboten? Oft ist es so, dass wir als Erwachsene uns nicht mehr viel (oder überhaupt keinen) Spass mehr am Leben erlauben, weil wir von der Gesellschaft so konditioniert wurden, dass man zuerst etwas erreichen muss. «Ohne Fleiss kein Preis» ist eine Redewendung, die wir schon in unserer

Kindheit ständig zu hören bekamen. Uns wurde suggeriert, dass man sich zuerst anstrengen muss, um sich beim Erreichen des Ziels belohnen zu dürfen.

Dieser Spruch mag an und für sich nicht schlecht sein, er kann einen aber auch lähmen. Wenn du diesen Glaubenssatz in dir trägst, kann es gut sein, dass du nach Perfektionismus strebst. Dann empfindest du in deinem Leben wahrscheinlich wenig Freude und Spass, weil du dich stets weiter vorantreibst, nie mit deinem Resultat zufrieden bist und falls doch, bereits das nächste Ziel vor Augen hast, ohne dir eine Ruhepause zu gönnen und die verdiente Freude zu erleben.

Das ist eine gefährliche Spirale, in die man sich da begibt. Schlussendlich ist man ausgebrannt, verhärmt, müde und traurig, weil man glaubt, das Leben habe nichts zu bieten. So weit muss und darf es nicht kommen. Gönne dir jeden Tag eine kurze Auszeit und tue dann etwas, das dir Spass bereitet – unabhängig davon, wie dein Tag gerade verläuft, ob du erfolgreich bist oder nicht. Gönne dir diese Auszeit als Zeichen der Selbstliebe – der Achtung, der Liebe und der Wertschätzung für dich selbst. Du bist die erste Person, die dir dies geben kann. Was auch immer es ist, das dein Herz höher schlagen lässt – tue es. Das kann auch nur fünf Minuten dauern, das reicht. Die Regelmässigkeit ist, was zählt. Du willst mir (und dir) ja nicht weismachen, dass du nicht täglich fünf Minuten deiner Selbstliebe widmen kannst, oder? Diese kleinen Freuden werden dir zeigen, dass das Leben gut ist, schon jetzt, und dass es Spass macht. Sie werden deine Stimmung heben, du wirst unabhängiger von äusserlichen Geschehnissen und wirst glücklicher sein, allein durch die Tatsache, dass du dich selbst liebst, wertschätzt und dir dafür etwas Gutes gönnst. Das ist einen Versuch wert, nicht wahr?

Kapitel 14 – Der erste Schritt

Du bist so weit. Es ist an der Zeit, dass du den ersten Schritt in dein neues Leben wagst. Möglicherweise schluckst du und fragst dich, ob du schon dazu bereit bist. Die Antwort lautet: «Ja». Du bist es. Du warst es schon immer. In deinem Innern. Es hat einfach einige Zeit gebraucht, bis du hier angekommen bist. Das ist normal. Du erinnerst dich: Bei deiner Geburt hast du sie vergessen, deine grosse innere Kraft und deine Verbindung zur Urquelle. Du darfst dich jetzt wieder daran erinnern, jeden Tag aufs Neue, bis es nicht mehr Erinnerung ist, sondern ein Wissen und ein Vertrauen, das tief in deinem Innern verankert ist.

Wenn du heute, nachdem du den Weg ins neue Bewusstsein eingeschlagen hast, umkehren willst, dann ist das deine eigene Entscheidung. Wenn aus deiner Sicht die Nachteile deines neuen Weges die Vorteile überwiegen, dann muss es für dich in Ordnung sein, dass du dein Leben so weiterführst wie bisher. Niemand wird dich dafür verurteilen; es wird sich aber auch niemand bei dir dafür bedanken, dass du so bleibst, wie du bist – dass du stehen bleibst und in deiner Komfortzone verharrst. Ich weiss, sie ist bequem, doch ich kann es nicht oft genug wiederholen: Das ist nicht nur ein Verharren, sondern ein Rückwärtsgehen. Zudem gibst du die Verantwortung für dein Leben so immer mehr ans Aussen ab. Das wird dich längerfristig nicht glücklich machen, denn niemand im Aussen weiss genau, was du wirklich brauchst und was du dir ganz tief in deinem Herzen wünschst. Wenn du stets Kompromisse eingehst, damit die anderen glücklich sind und der Frieden gewahrt wird, dann leidet deine Seele darunter. Als «Quittung» erhält deine Seele dann Falten, so wie das Älterwerden Falten an unserem Körper hervorbringt. Das macht dich mit der Zeit traurig, du fühlst dich unglücklich, nicht erfüllt und allein. Das muss nicht sein. Denn das Einzige, das du tun musst, ist diesen ersten Schritt zu unternehmen.

Wie sollst du das anstellen? Ich weiss, es ist nicht einfach. In den vorangegangenen Kapiteln habe ich auf die möglichen Blockaden hingewiesen, die in deinem Innern oder im Aussen lauern und dich daran hindern können, diesen ersten Schritt zu tun und dein Leben zu ändern. Doch diese Ängste sind nur eine Illusion (siehe Kapitel 6, Deine Ängste). Sie beziehen sich nicht auf etwas Reales, auch wenn sie noch so real aussehen mögen. Ich verstehe dich, wenn du jetzt aufschreist: Die Rechnungen, die Fixkosten, die ich bezahlen muss, meine Miete, all das ist Realität. Ich sehe es alles vor mir. Das stimmt. Aber es kommt auf den Blickwinkel an. Du sollst nicht sofort alles hin-werfen und nur noch malen oder zeichnen, ohne dich um deinen Unterhalt und deine Verpflichtungen zu scheren. So ist das nicht gemeint. Denn wenn du das tust, wirst du früher oder später zu einer Last unseres Sozialsystems und andere müssen für dich sorgen. Dann würdest du nur all deine Macht an das Aussen abgeben und sie von deinem Vorgesetzten auf deinen Sozialarbeiter übertragen. Das ist nicht der Sinn dieses Unternehmens. Wir sind gemeinsam auf dem Weg, damit du dir das Leben erschaffst, von dem du träumst und das du dir von ganzem Herzen wünschst.

Dein erster Schritt muss für dich «verdaubar» sein, damit du dich nicht extrem unter Druck setzt. Unter solchen Umständen kann dein neues Leben, dein neues Bewusstsein, nicht weiter gedeihen. Du brauchst Zeit, gib sie dir. Das bedeutet jedoch nicht, dass du dich nicht auf deinen neuen Weg begibst, sprich in deiner Komfortzone bleibst – im Gegenteil. Entscheide dich nun für einen konkreten ersten Schritt, den du in Angriff nimmst. Versprich dir von ganzem Herzen, dass du ihn tatsächlich tust. Wenn nötig, schreibe ihn auf, wie zum Beispiel: Ich werde ab Montag jeden Morgen fünf Minuten meditieren, ich werde nur noch gesunde Nahrungsmittel zu mir nehmen, ich werde alle zwei Tage Sport treiben, ich werde jeden Tag eine Vierteilstunde in der Natur spazieren gehen. Das sind messbare Schritte, mit denen du starten kannst. Auch sehr gut eignen sich die vorangegangenen Übungen, die du in deinen Alltag integrieren kannst. So steigerst du täglich dein Bewusstsein, wirst offener für die Impulse und Nachrichten des Universums und deiner Geistführer. Du kannst dich jeden Tag aufs Neue darauf ausrichten, deine intuitiven Fähigkeiten anzuwenden, die in dir schlummern. Ab heute trainierst du deine Intuition wie einen Muskel, jeden Tag – erinnere dich an das Beispiel mit dem Marathonlauf aus Kapitel 12.

Bald werden die Übungen, die du für dich ausgesucht hast, in deinem Alltag einen festen Platz eingenommen haben, sodass du sie fast unbewusst ausführst. Doch sie sind sehr kraftvoll. Sie zielen darauf ab, in deinem Unterbewusstsein zu arbeiten und dich auf dein neues Leben auszurichten. Innerlich vollziehst du eine Veränderung; du bewegst dich in eine andere Richtung, in eine, die deinem Innersten entspricht.

Vielleicht wirst du plötzlich erstaunt feststellen, dass es dir leichter fällt, «Nein» zu sagen und Grenzen zu setzen, wenn andere dir zu nahe treten. Oder du hinterfragst es in zunehmendem Masse, wenn du in den Medien Werbung für Dinge siehst, die du gar nicht benötigst. Denn du weisst jetzt, dass du die einzige Quelle deines wahren Glücks bist. Du schöpfst deine Kraft aus deinem Innern, wo du mit dem Universum und der Urquelle verbunden bist. Du erinnerst dich jeden Tag daran, dass du selbst über eine unendliche, nie versiegende Energiequelle verfügst – die es dazu auch noch gut mit dir meint. Was willst du mehr?

Als Nächstes geht es nun darum, dass du einen realen ersten Schritt tust, der dich Mut kosten wird. Du wirst dabei über deinen Schatten springen müssen. Du bist auf der Zielgeraden – du eilst den Berg hinunter und siehst dein Ziel schon vor dir. Gleich darauf erkennst du jedoch zu deinem Schrecken: Vor der Stadt verläuft ein reissender Fluss. Darüber führt keine Brücke. Irgendwie musst du diesen Fluss überqueren, um dein Ziel zu erreichen. Schwimmen? Der Fluss ist breit, reissend und birgt womöglich unsichtbare Strudel, die dein Leben in Gefahr bringen. Kurz gesagt: Du wirst traurig und verlierst den Mut, denn so hattest du dir deine Reise nicht vorgestellt. Als du dein Ziel so nah vor dir gesehen hast, dachtest du, es sei alles geschafft. Weit gefehlt.

Du hast auf deiner Reise in dein neues Bewusstsein einige Übungen kennengelernt und einige Weisheiten mitbekommen. Jedoch wird dir das Universum dein Ziel nicht einfach vor die Füsse legen – du sollst es dir vielmehr verdienen. Mit anderen Worten: Das Universum will wissen, ob du deinen Traum auch wirklich erreichen willst, ob er dir am Herzen liegt und du bereit bist, dafür all deinen Mut zusammenzunehmen und etwas zu tun, das du zuvor nie gewagt hast. Hier geschieht der eigentliche Ausbruch aus deiner Komfortzone.

Stell dir das so vor: Das Universum (Gott, die Quelle oder eine andere höhere Wesenseinheit) steht mit offenen Armen am gegenüberliegenden Flussufer. Nicht nur das. Deine geistigen Helfer stehen neben dir und hinter dir, und dann entdeckst du plötzlich eine Möglichkeit, den Fluss zu überqueren – etwa mit einem Floss oder einem kleinen Boot. Auch während der Flussüberquerung machen deine Helfer dir Mut und unterstützen dich. So viele Helfer hast du, dass es kaum vorstellbar ist. Doch so viele es auch sein mögen, eines ist ihnen verwehrt: Dich in den Fluss zu stupsen. Der erste Schritt, die Entscheidung, ihn zu tun, ist nur dir allein vorbehalten, denn du verfügst über einen freien Willen. Keine Macht dieser Welt kann dich zu deinem Glück (und dem Richtungswechsel) zwingen ausser du selbst. Das ist eine gute Nachricht, denn spätestens jetzt kannst du – wenn du es bis heute noch nicht getan hast – die Verantwortung für dein Leben in die Hand nehmen und es so gestalten, wie du es dir wünschst.

Grenzen setzen

Wie in Kapitel 6 (Deine Ängste) beschrieben, gibt es Einiges, das dich daran hindern kann, diesen ersten, entscheidenden Schritt zu tun. Die anderen Menschen um dich herum, deine früheren, negativen Erfahrungen, dein Ego. Daher ist es umso wichtiger, dass du gegen aussen – in deinem Innern – Grenzen setzt: Du grenzt dich ab von den anderen Menschen in deinem Umfeld, lernst «Nein» zu sagen und holst dir den Freiraum und die Ruhe, die du brauchst, um in dich hineinzuspüren und deine innere Kraft anzuzapfen. Das setzt voraus, dass du dir mindestens ein paar Minuten pro Tag Zeit für dich nimmst, um einige der vorangegangenen Übungen zu praktizieren und auch einige Zeit draussen an der frischen Luft und in der Natur zu verbringen. Auch nur zehn Minuten täglich werden einen grossen Unterschied gegenüber deinem heutigen Leben bewirken.

Grenzen setzt du auch deinem Ego. Du kannst innerlich einfach «Stopp» zu dir sagen und deinem Ego zu verstehen geben, dass du nicht mehr bereit bist, alten, ausgedienten Gedankenmustern zu folgen, die Negatives in dein Leben ziehen. Wenn ich mich dabei ertappe, dass ich wieder in eines meiner negativen Muster verfalle, dann sage ich mir sofort «Stopp»; gleichzeitig vergebe ich mir, dass ich erneut in den alten Trott gefallen bin – was ganz normal ist, denn wir kultivieren unsere Gedankenmuster über Wochen, Monate, Jahre, Jahrzehnte. So rasch werden wir sie nicht los. Trotzdem es ist möglich.

Du musst nicht warten, bis du keine Angst mehr vor den anderen oder vor dir selbst hast. Oder überhaupt keine Ängste mehr hast. Dann würdest du ewig warten und niemals etwas Neues riskieren. Doch die Zeitqualität, in der wir jetzt leben, zwingt uns, weiterzugehen. Du kannst nicht stehen bleiben. Und schon gar nicht in deiner Komfortzone verharren; ich kann es nicht oft genug betonen. Stillstand ist Rückschritt. Die Mutigen dieser Welt – und zu denen gehörst du auch, wenn du diese Zeilen liest – tun Dinge und wagen sich in neue, unbekannte Gewässer, auch wenn sie dabei Angst verspüren. Oder glaubst du, die früheren Seefahrer hätten keine Angst gehabt, als sie ihren Heimathäfen verliessen und nicht sicher waren, wohin sie segelten? Oder die Erfinder, die in früheren Zeiten ihre Experimente durchführten, auch wenn sie dabei oft ihr Leben riskierten oder von den anderen dafür belächelt wurden. Sie taten es trotzdem. Weil sie ausbrechen wollten. Es braucht immer Menschen, die mehr wagen als andere und uns den Weg zeigen. Dann können wir uns von ihrem Mut inspirieren lassen. Auch Schauspieler und Musiker spüren immer wieder eine gewisse Angst vor ihren Auftritten auf einer Bühne, obwohl sie ihre Stücke vorher akribisch geprobt hatten.

Du kannst hier den Einwand erheben, dass du deinen «Auftritt» nicht proben kannst, und da muss ich dir einerseits recht geben. Andererseits probst du mit den Übungen, die ich in den vorangegangenen Kapiteln vorgestellt habe. Du eignest dir so ein neues Bewusstsein an. Das gibt dir Mut und Kraft, etwas Neues zu wagen. Also springe über deinen Schatten. Du hast ein glückliches und erfülltes Leben verdient. Das Einzige, dass du dafür tun musst, ist dir dieses Leben zuzugestehen und dann den ersten konkreten Schritt zu tun.

Es ist nun an der Zeit, dass du dich hinsetzt und aufschreibst, was du als Nächstes tust: dich um einen neuen Job bewerben, für eine Weiterbildung anmelden, ein kreatives Hobby in die Tat umsetzen. Möglicherweise ist es auch schon an der Zeit, mit einer Webseite die ersten Schritte für dein eigenes Unternehmen zu tun (auch wenn du dich ihm «nur» am Wochenende oder am Abend widmen kannst). Oder du rufst einen Menschen an, um dich mit ihm zu verabreden und ihm deine Gefühle für ihn zu gestehen.

Was auch immer es ist, das du tun musst, die Zeit ist reif. Bezogen auf unser Beispiel mit der Autofahrt nach Kiel: Du bist am Tor von Kiel angekommen. Dein Ziel (dein Wunsch) ist greifbar nah. Doch um in die Stadt hineinzugelangen, musst du über eine lange, gefährlich aussehende Hängebrücke gehen, die über einen tiefen Abgrund gespannt ist. Deine Beine zittern, dein Atem geht schneller, sobald du vor der Brücke stehst. Es gibt jedoch nur diesen einen Weg an dein Ziel – und der geht über diese Brücke. Also musst du alle deine Ängste überwinden, tief einatmen und hinübergehen. Bevor du diese schwierigen Schritte tust, kannst du dich fragen: Was habe ich zu verlieren? Habe ich überhaupt etwas zu verlieren (ausser meinen Stolz)? Wie viel ist mir mein Wunsch wert? Was bin ich bereit, dafür zu riskieren?

Nichts wird dir schnell mal in den Schoss fallen, das wäre auch viel zu einfach, oder? Womöglich würdest du sonst nicht wertschätzen, was du erreichst. Daher ist es wichtig, dass du über deinen Schatten springst und anfängst, selbst Verantwortung für dein Leben zu übernehmen und dir zu holen, was dir zusteht. Wisse, dass niemand darunter leiden oder weniger haben wird, wenn du dir deine Wünsche und Träume erfüllst, im Gegenteil. Dein Umfeld wird es schätzen, wenn du glücklicher und ausgeglichener bist. Deine Kunden und Arbeitskollegen werden gerne mit dir zusammenarbeiten, weil du Glück, Gelassenheit und Zufriedenheit ausstrahlst. Mit deiner Veränderung wirst du dein gesamtes Umfeld glücklich machen. Und diejenigen, die von deinem neuen Leben nicht überzeugt sind, dürfen sich gerne von dir verabschieden.

Denke immer daran: Das Universum (Gott, die Quelle oder eine andere höhere Wesenseinheit) wartet nur darauf, dass es dich unterstützen kann. Du musst jedoch den ersten Schritt tun – und danach noch viele andere. Du musst dem Universum zeigen, dass es dir ernst ist bei der Sache und dass dir dein Wunsch wirklich am Herzen liegt. Zudem darf es auch nur ein Wunsch sein, der aus deinem Herzen kommt, also ein Herzenswunsch. Diese Wünsche sind stets im Einklang mit deiner Seele und zum höchsten Wohl des Grossen und Ganzen. Niemand darf dabei Schaden nehmen und es geht auch nicht darum, jemanden anderen auszuschalten oder zu bezwingen. Erinnere dich: Es gibt keine Konkurrenz. Es gibt auf der Erde genug für alle Menschen, auch wenn die Medien, Politiker oder die Menschen um uns herum uns Mangel weismachen wollen. Dein Leben ist Fülle. Die Erde besitzt Fülle. Dein Geburtsrecht ist es, diese Fülle nun in dein Leben zu ziehen und zu manifestieren.

Kapitel 15 – Schlusswort

Wir sind am Ende dieses Buches angekommen, doch für dich bedeutet das den Anfang deines neuen Daseins. Denn spätestens jetzt ist für dich die Zeit gekommen, mit den im Buch erwähnten Übungen zu beginnen. Du musst nicht alle anwenden, ich empfehle dir jedoch, alle einmal auszuprobieren. Diejenigen, die für dich stimmig sind, kannst du dann in deinen Alltag integrieren. Denke immer daran, die Intuition zu erwecken – der Weg ins neue Bewusstsein zu gehen – ist ein Marathon, keine Kurzstrecke.

Gib dir Zeit

Du kannst und wirst dein Leben ändern, dessen bin ich mir sicher. Ich vertraue dir. Doch es ist nicht zielführend, wenn du dich unter Druck setzt, im Gegenteil. Druck erzeugt Gegendruck von deinem Ego, das dich dann seinerseits mit negativen Gedanken überschütten wird. Daher ist es wichtig, dass du dir einen längerfristigen Zeithorizont vornimmst. Wähle mindestens drei bis vier Übungen aus diesem Buch aus und wende sie in deinem Alltag an, so regelmässig wie möglich. Dann beobachte, was mit dir geschieht. Die Veränderungen werden zuerst sehr subtil sein: Du bemerkst auf einmal, dass dir ein Mensch nicht guttut, dass du nach einem langen Arbeitstag nicht nur ausgelaugt, sondern auch höchst unzufrieden bist oder dass du sehr gerne kreativ arbeitest. Das alles sind Zeichen, die dich auf deinen richtigen, für dich stimmigen Weg führen. Ich empfehle dir auch, ein Tagebuch zu führen oder deine Gedanken zu notieren (mit deinem Smartphone, deinem Computer oder auf ein Blatt Papier). So kannst du immer wieder zu ihnen zurückkehren. Mit der Zeit wird es dir womöglich wie Schuppen von den Augen fallen: Du erkennst deinen neuen Weg. Das alles braucht Zeit, es ist wie eine innerliche Geburt. Tag für Tag wirst du dein neues Leben klarer vor dir sehen. Und mit der zunehmenden Klarheit wirst du den Mut aufbringen, in Richtung deiner Wünsche und Träume aufzubrechen.

Für dich

Wenn dich auf deinem neuen Weg einmal die Motivation verlässt – und das ist ganz normal auf einem Marathon, du brauchst dich deswegen nicht zu verurteilen – dann denke immer daran: Dies ist etwas, das du für dich tust, für dich allein. Nicht für deinen Partner/deine Partnerin, deinen Vorgesetzten, deinen Nachbarn, deine Freunde oder deine Eltern. Nein, dieser Weg ist einzig und allein für dich bestimmt. Es ist ein Akt der Selbstliebe und der Selbstwertschätzung, den du dir damit entgegenbringst. Wenn du realisierst, dass du stehen geblieben bist und nicht weiterkommst, dann gönne dir eine Pause. Erlaube dir ein Durchatmen, verwöhne dich mit einem schönen Spaziergang, einem guten Buch, einem feinen Tee, einem Schwatz mit einer Freundin oder einem Entspannungsbad. Was immer dein Herz höher schlagen lässt – gönne es dir. Sage dir, dass du stets dein Bestes gibst, auch wenn daraus ein Rückschritt zu resultieren scheint. Doch oft ist ein solcher Rückschritt auch nur ein Einbiegen in einen neuen Weg.

Er kann auch ein «Test» vom Universum sein, ob es dir wirklich ernst ist mit deinem neuen Leben. Zum Beispiel wenn du etwas Neues anpackst, indem du dich für eine Weiterbildung entscheidest, weil deine letzte Ausbildung schon Jahre zurückliegt. Schneidest du dann in den ersten Wochen in einer Prüfung schlecht ab, beginnen die Selbstzweifel: Kann ich das wirklich? Bin ich nicht schon zu alt? Werde ich das wirklich schaffen? Und so weiter und so fort. So fallen wir in einer Endlosschleife über uns her und zerlegen uns. Doch für Selbstzweifel ist an diesem Punkt deiner Reise kein Platz. Hier geht es um mehr. Nämlich darum, dass du innerlich noch einmal bestärkst: Ich will diesen neuen Weg gehen. Ich will diese Weiterbildung schaffen. Und danach lässt du dich von keinen Rückschlägen mehr entmutigen, sondern machst weiter.

Es kann auch sein, dass dein Umfeld dich kritisiert oder sich über dich lustig machst, wenn du deinen neuen Weg gehst, deine Weiterbildung verkündest, von deinem neuen Hobby erzählst. Auch das ist ein Test des Universums, mit dem es prüft, ob du den Willen hast, wirklich etwas in deinem Leben zu ändern. Wenn du dann weitermachst, weiss das Universum, dass es dir ernst ist, und wird dich in all deinen Unterfangen unterstützen, darauf kannst du zählen.

Ein Zeichen

Wenn dich die Zweifel übermannen, kannst du das Universum um ein Zeichen bitten. Das geht so: Bitte das Universum (Gott, die Quelle oder eine andere höhere Wesenseinheit), dir ein Zeichen zu schicken, damit du weisst, ob du auf dem richtigen Weg bist.

Wenn du zum Beispiel überlegst, ob du eine bestimmte Weiterbildung in Angriff nehmen sollst, frage nach einem Zeichen, ob das die richtige Ausbildung für dich ist. Und dann: bleibe offen. Vielleicht dauert es nur wenige Stunden, vielleicht aber auch Tage, bis die Antwort eintrifft.

Es gibt viele Arten, wie du das Universum dir eine solche Nachricht übermitteln kann. Zum Beispiel kann jemand dir in einem Gespräch etwas sagen, das dich darin bestärkt, dich für die Weiterbildung anzumelden, weil er von sich aus davon erzählt und davon schwärmt, ohne dass er von deinem Wunsch weiss. Oder du siehst eine Werbung für genau diese Ausbildung im Bus oder auf einem Flyer oder jemand erwähnt sie im Internet, und du weisst plötzlich, dass sie das Richtige für dich ist.

Wenn du dich fragst, ob du ein neues Hobby in Angriff nehmen sollst, erblickst du möglicherweise ein Plakat, das sagt: «Tu es!» Dann spürt du intuitiv, dass dies die Antwort auf deine Frage ist. Du kannst auch nach spezifischen Zeichen bitten, zum Beispiel: «Zeige mir eine weisse Rose, wenn ich auf dem richtigen Weg bin.» Dann hältst du Ausschau nach dieser Rose, die du dann vielleicht auf einem Bild entdeckst, auf einem T-Shirt oder auf einer Bluse einer fremden Person, die eine Stunde, nachdem du die Bitte abgeschickt hast, an dir vorbeigeht.

Ich persönlich lasse es offen, wie das Zeichen zu mir kommt; ich bin nicht so spezifisch und bitte einfach um ein Zeichen. Als ich das einmal tat und fragte, ob ich umziehen soll, hörte ich kurze Zeit später ein Gespräch von zwei unbekannten Frauen im Bus. Die eine sagte zur anderen: «Umziehen hat zurzeit keine Priorität». Da wusste ich, dass diese Nachricht für mich war. So einfach geht es. Versuche es, verkrampfe dich nicht dabei, habe Spass. Es funktioniert.

Mit deinem Herzen

Zum Abschluss möchte ich dir noch mitgeben, dass es nicht nur einen einzigen Weg gibt, der dich ans Ziel deiner Wünsche führt. Es gibt viele Wege und viele Möglichkeiten, dorthin zu gelangen. Dieses Buch und meine Tipps zeigen eine Möglichkeit, wie du deine Bestimmung findest und sie anschliessend umsetzt. Wichtig ist, dass du dich auf den Weg machst, deine Vision zu finden und die Aufgabe wieder zu entdecken, die du dir für dieses Leben vorgenommen hast. Als Seele – nicht mit einem Businessplan oder einer Karriereplanung mit deinem Verstand, sondern mit deinem Herzen. In der heutigen Zeit geht es nicht mehr darum, alles seinem Verstand zu überlassen und rationale Entscheidungen zu treffen. Das war in den letzten 2000 Jahren der Fall, in der männlichen Ära. Nun hat jedoch das weibliche Zeitalter (aus energetischer Sicht) begonnen und die weiblichen Aspekte von uns Menschen – ob Mann oder Frau – sind wieder gefragt und notwendig, um unsere Welt zu einem besseren Ort zu machen. Du darfst jetzt deine femininen Kräfte und Fähigkeiten wiedererwecken und fördern. Dazu gehören auch die Kraft und die Führung aus deinem Herzen.

Zu den weiblichen Aspekten des neuen Zeitalters zählen die Intuition, das Befolgen der inneren Stimme und das Vertrauen auf die eigene, innere Weisheit. Die Herausforderungen und Veränderungen unserer neuen Zeit kannst du zwar mit deinem Verstand analysieren, schlussendlich wird es aber nur deinem Herzen möglich sein, dir den für dich richtigen Weg zu weisen. Denke daran: Niemand vor dir ist genau diesen Weg gegangen, daher kann auch niemand anderes als du dir sagen, wie er genau aussehen soll. Dieses Wissen kennst nur du. Es ist tief in deinem Innern verborgen. Erwecke deine Urkraft, dein Urvertrauen, höre auf deine innere Stimme, folge ihrem Rat und du wirst mit der Zeit immer besser dein Wissen aktivieren können, das in dir steckt. Du bist viel mächtiger, kraftvoller und weiser, als du es zurzeit weisst. Nutze deine Kräfte, trau dir etwas zu. Für dich. Und für die ganze Welt. Du bist es dir wert.

Claudine Birbaum

Nach drei Kündigungen habe ich meinen langjährigen Beruf als Bankerin an den Nagel gehängt und arbeite heute voller Freude und mit ganzem Herzen als Schriftstellerin, Keynote Speakerin, Expertin für Intuition und Berufsschullehrerin. Wenn ich schreibe, verbinde ich mich mit meiner Seele und folge ihrem Ruf. Die Energie und Inspiration zum Schreiben hole ich mir in meiner Freizeit auf dem Segelboot, auf meiner Yogamatte, joggend durch den Wald und in den Bergen.

Ausbildung: Betriebsökonomin FH | Executive MBA Rochester/ NY-Bern | CAS in Kommunikation und Management HSG St. Gallen | Berufsschullehrerin in Wirtschaft & Gesellschaft und Allgemeinbildung